Ausführliches Verzeichniß der

Guttentag'schen Sammlung

Deutscher Reichs-
und Preußischer Gesetze,

Text-Ausgaben mit Anmerkungen — Taschenformat,

welche alle wichtigeren Gesetze in absolut zuverlässigen Gesetzestexten und in mustergiltiger Weise erläutert enthält, befindet sich hinter dem Sachregister.

Guttentag'sche Sammlung
Nr. 57. Deutscher Reichsgesetze. Nr. 57.
Text-Ausgaben mit Anmerkungen.

See-Unfallversicherungsgesetz

vom 30. Juni 1900

in der Fassung der Bekanntmachung des Reichskanzlers vom 5. Juli 1900.

Text-Ausgabe mit Anmerkungen aus den Materialien und der Rechtsprechung, ergänzenden Vorschriften und Sachregister

von

Dr. Max Mittelstein
Oberlandesgerichtsrath in Hamburg.

Berlin 1901.
J. Guttentag, Verlagsbuchhandlung,
G. m. b. H.

Einleitung.

I.

Für die Bedeutung der Unfallversicherung und ihre allmähliche Ausgestaltung durch die Gesetzgebung des Deutschen Reiches wird i. A. verwiesen auf die Einleitung, welche der Direktor im Reichsamt des Innern Dr. E. v. Woedtke seiner in diesem Verlag kürzlich erschienenen Textausgabe des Gewerbe-Unfallversicherungsgesetzes vorangeschickt hat. Das Gesetz, betreffend die Unfallversicherung der Seeleute und anderer bei der Seeschiffahrt betheiligter Personen, vom 13. Juli 1887 (RGBl. S. 329ff.) war das letzte in der Kette der Unfallversicherungsgesetze.

Eine Neuregelung hat das Unfallversicherungswesen durch die Reichsgesetzgebung im Jahre 1900 erfahren. Eingeleitet wurde sie schon 1896 durch einen Gesetzentwurf (Drucksachen des Reichstags, 9. Legislatur-Periode, IV. Session 1895/97 Nr. 570), über welchen die Kommission des Reichstags 1897 einen Bericht (a. a. O. Drucksache Nr. 909) erstattet hat, der aber nicht zur Verabschiedung gelangt ist. Die Regierung hat dann im Januar 1900 einen neuen Entwurf vorgelegt. Von einem Versuch, die sämmtlichen Bestimmungen über die Unfallversicherung in ein Gesetz zu verschmelzen, ist Abstand genommen worden. Der Stoff ist vielmehr vertheilt worden auf den Entwurf eines Gesetzes, betreffend die Abänderung der Unfallversicherungsgesetze (sog. Mantelgesetz) und vier Anlagen, nämlich das Gewerbe-Unfallversicherungsgesetz, das Unfallversicherungsgesetz für Land- und Forstwirthschaft, das Bau-Unfallversicherungsgesetz und das See-Unfallversicherungsgesetz. Diesem Entwurf ist eine ausführliche Begründung beigegeben (159 Seiten, die Drucksache 523, I. Session 1898/1900, Anlagenband 4 S. 3052 ff., hier als „n. Begr.", neue Begründung, nach dem offiziellen Sonderabdruck citirt). Dieser Entwurf ist vom Reichstag eingehend berathen worden. Die dafür eingesetzte XXI-Kommission hat für jeden Theil einen besonderen Bericht erstattet, die Drucksachen Nr. 703, 703a bis d der 10. Leg.-Per. I. Session 1898/1900. Von diesen Berichten befaßt sich der Bericht Nr. 703d mit dem See-Unfallversicherungsgesetz (hier cit. „n. RK." gleich: Bericht der Reichstagskommission für den neuen

Entwurf), der Bericht der 703a mit dem Gewerbe-Unfallversicherungsgesetz (a. a. O. Anlagenband 6 S. 4444ff.).

Was insbesondere das See-Unfallversicherungsgesetz angeht, so ist es am 15. Mai 1900 in zweiter und am 26. Mai 1900 in dritter Lesung im Reichstage berathen worden (s. die Stenographischen Berichte über die 194. und 203. Sitzung, S. 5508ff. und S. 5807ff.).

Die Veröffentlichung der neuen Gesetzgebung über die Unfallversicherung ist im Reichsgesetzblatt 1900 Nr. 26 S. 335ff. erfolgt unter dem Titel „Gesetz, betreffend die Abänderung der Unfallversicherungsgesetze. Vom 30. Juni 1900." Der § 28 dieses Gesetzes lautet:

> „Der Reichskanzler wird ermächtigt, den Text der Unfallversicherungsgesetze unter fortlaufender Nummernfolge der Paragraphen jedes einzelnen dieser Gesetze durch das Reichs-Gesetzblatt bekannt zu machen."

Das ist geschehen durch Bekanntmachung des Reichskanzlers vom 5. Juli 1900 (RGBl. 1900 S. 573). Der Text des See-Unfallversicherungsgesetzes in der Fassung dieser Bekanntmachung findet sich im Reichsgesetzblatt 1900 S. 716ff. Dieser

Text ist der vorliegenden Ausgabe zu Grunde gelegt.*)

II.

Das See-Unfallversicherungsgesetz erscheint hiernach auch in seiner neuen Fassung als ein selbständiges Gesetz. Es ist insbesondere auch gegenüber dem alten Gesetz vom 13. Juli 1887 so selbständig gefaßt, daß auf dieses wiederholt wie auf ein fremdes Gesetz verwiesen wird (s. §§ 49, 58, 59).

Es bedarf aber zum Verständniß des neuen See-Unfallversicherungsgesetzes eines kurzen Eingehens auf das schon erwähnte sog. **Mantelgesetz**, das für alle neuen Unfall-Versicherungsgesetze gemeinschaftliche Gesetz, betreffend die Abänderung der Unfall-Versicherungsgesetze (RGBl. 1900 S. 573ff.).

In den §§ 3—10 des Mantelgesetzes werden die Schiedsgerichte für Unfallversicherungssachen neu geordnet. „Die Entscheidung von Streitigkeiten über Entschädigungen auf Grund der Unfallversicherungsgesetze wird den gemäß §§ 103ff. des Invaliden-

*) In demselben sind stillschweigend folgende Fehler des Gesetzestextes amtlich geändert: 1. im § 41 Abs. 3 Nr. 2 „Abänderungen" statt „Abänderung" im § 28 des Gesetzes; 2. im § 88, s. unten die Note dazu; 3. im § 157 „als" statt „das" im Gesetz § 129.

versicherungsgesetzes errichteten Schiedsgerichten übertragen. Diese führen fortan die Bezeichnung: „Schiedsgericht für Arbeiterversicherung" ..." (§ 3). Diese neuen Schiedsgerichte treten nach § 25 des Mantelgesetzes und der Kaiserlichen Verordnung vom 22. November 1900 (s. unt. Note 2 zu SUVG. § 80, jetzt auch RGBl. 1900 S. 1017ff.) am 1. Januar 1901 in Kraft. Für das Gebiet des SUVG. ist noch besonders auf Mantelgesetz § 4 Abs. 2 zu verweisen.

Weiter enthält das Mantelgesetz § 11 Bestimmungen über das Reichs-Versicherungsamt, von denen speziell für das SUVG. in Betracht kommen § 11 Abs. 4 u. 5, § 12 Abs. 3, § 16, § 18 Nr. 2 u. 3. Die nach § 21 des Mantelgesetzes zulässigen Landes-Versicherungsämter kommen für das SUVG. nicht in Betracht, weil es nur eine das ganze Reich umfassende Seeberufsgenossenschaft giebt (vgl. unt. Note 1 zu § 32 SUVG.).

Von Bedeutung auch für das SUVG. kann die Bestimmung des § 23 des Mantelgesetzes werden, wonach die Berufsgenossenschaften berechtigt sind, gewisse weitere Einrichtungen auf dem Gebiete der Versicherung und des Pensionskassenwesens zu treffen.

Der § 25 des Mantelgesetzes endlich bestimmt, wann die neuen Unfall-Versicherungsgesetze in Kraft treten. Dieser Termin ist im Allgemeinen

der 1. Oktober 1900. Ausnahmsweise treten erst am 1. Januar 1902 an die Stelle der bisherigen Bestimmungen die der §§ 29 bis 31, 49, 104 SUVG., worauf in den Erläuterungen dazu verwiesen ist. Endlich wird der Zeitpunkt, wann die §§ 152ff. SUVG. in Kraft treten, mit Zustimmung des Bundesraths durch Kaiserliche Verordnung bestimmt werden, was bislang (Ende November 1900) nicht geschehen ist.

III.

Wie schon bemerkt, erscheint das am 1. Oktober 1900 in Kraft getretene See-Unfallversicherungsgesetz als ein formell selbständiges und neues Gesetz. Thatsächlich handelt es sich aber nur um eine Abänderung des alten Gesetzes von 1887, dessen grundlegende Bestimmungen unverändert beibehalten sind, ebenso wie die auf Grund dieses Gesetzes eingerichtete Seeberufsgenossenschaft (vgl. unt. zu §§ 37, 38). Das war möglich, weil die neue Unfallversicherungs-Gesetzgebung des Reichs die in den früheren Gesetzen zu Grunde gelegten leitenden Grundsätze übernommen und sich auf einen Ausbau im Einzelnen, im Wesentlichen zu Gunsten der Versicherten beschränkt hat.

In den nachstehenden Erläuterungen zu den einzelnen Paragraphen ist jedesmal auf das alte

Recht und die abweichenden Neuerungen hingewiesen worden. Es erübrigt daher an dieser Stelle nur, die bedeutsamsten Neuerungen kurz zusammenzufassen:

1. Der Kreis der Versicherten ist ausgedehnt durch § 1 Ziffer 2, und vor allem durch die §§ 152ff. auf die Kleinfischerei.
2. Die Versicherung ergreift nach § 2 auch „häusliche" Dienste und Rettung oder Bergung von Personen oder Sachen Dritter.
3. Die Versicherungspflicht kann auf kleine Rheder nach § 5 Abs. 1 erstreckt werden.
4. Die Versicherung erstreckt sich nach § 6 auf einen Jahresarbeitsverdienst bis 3000 Mk. (statt früher 2000 Mk.).
5. Durch § 7 unter b und c ist die Versicherung weiterer Personen zugelassen.
6. Bei völliger Hülflosigkeit kann die Vollrente auf 100% des Jahresarbeitsverdienstes erhöht werden (§ 9 Abs. 2).
7. Für die Berechnung des Jahresarbeitsverdienstes der Schiffsleute ist jetzt das Elffache (statt früher des Neunfachen) des Durchschnittssatzes zu Grunde zu legen (s. § 10 Abs. 1).
8. Für die in Schlepper- und Leichterbetrieben beschäftigten Personen werden jetzt Individuallöhne zu Grunde gelegt (§ 10 Abs. 5), ebenso für

die übrigen nicht zur Schiffsbesatzung gehörigen Personen (§ 11).

9. Unterbringung in ein Invalidenhaus ist zugelassen durch § 19.
10. Das Sterbegeld ist von Mk. 30 auf Mk. 50 erhöht (§ 21, § 157).
11. Die Rente für Kinder ist erhöht von 15% auf 20% (§ 22).
12. Enkel sind jetzt rentenberechtigt (§ 25).
13. Die Stellung der Genossenschaftsbeamten regelt § 48.
14. Neu ist der durch § 61 Abs. 2 vorgeschriebene Aushang.
15. Durch § 74 Abs. 3 ist Fürsorge getroffen, daß stets ein unparteiischer Arzt gehört wird.
16. Die Feststellung von Entschädigungen ist zu beschleunigen (§ 76 Abs. 1).
17. Beim Streit darüber, welche Berufsgenossenschaft Entschädigung zu gewähren hat, ist für eine vorläufige Fürsorge gesorgt (§ 78 Abs. 2).
18. Die Formvorschriften bei der Berufung sind erleichtert (§ 80 Abs. 5).
19. Unzulässige Rekurse werden durch § 85 Abs. 1 abgeschnitten.
20. Abänderung der Rente wegen veränderter Verhältnisse erfolgt nach Ablauf der ersten 5 Jahre nur durch das Schiedsgericht (§ 92).

21. Renten von 60 Mk. oder weniger werden vierteljährlich im voraus bezahlt (§ 97).
22. Eine Kapitalabfindung ist jetzt nicht nur für Ausländer zugelassen, erfordert aber in allen Fällen einen Antrag (§ 99).
23. Die Vermögensanlage ist der Seeberufsgenossenschaft durch § 114 Abs. 2 erleichtert.
24. Die Bestimmungen über die Unfallverhütung sind verschärft (§§ 118ff.).
25. Der Rückgriff der Genossenschaft gegen Betriebsunternehmer ist neu geregelt (§ 134 Abs. 1 Satz 2 u. 3, § 135).

Abkürzungen.

a. Begr. = Begründung zum Entwurf des See-Unfallversicherungsgesetzes von 1887.
A. N. = Amtliche Nachrichten des Reichs-Versicherungsamts, jährlich 1 Band.
BGB. = Bürgerliches Gesetzbuch.
CPO. = Civilprozeßordnung.
GUVG. = Gewerbe-Unfallversicherungsgesetz von 1900.
Handbuch = Handbuch der Unfallversicherung, herausgegeben von Mitgliedern des Reichs-Versicherungsamts, 1897, 2. Aufl.
HGB. = Handelsgesetzbuch von 1897.
KVG. = Krankenversicherungsgesetz von 1892.
Mantelgesetz = s. ob. S. VI.
n. Begr. = Begründung zum neuen Entwurf (s. oben S. VI).
RA. = Reichs- und Preußischer Staatsanzeiger.
RG. = Reichsgericht.
RK. = Reichstagskommission.
RVA. = Reichs-Versicherungsamt.
SO. = Seemannsordnung.
Sten. Ber. = Stenographische Berichte des Reichstags.
SUVG. = See-Unfallversicherungsgesetz.

See-Unfallversicherungsgesetz.

I. Allgemeine Bestimmungen.

Umfang der Versicherung.

§. 1.[1])

Personen,[3]) welche

1. auf deutschen Seefahrzeugen[2]) als Schiffer, Personen der Schiffsmannschaft, Maschinisten, Aufwärter oder in anderer Eigenschaft zur Schiffsbesatzung gehören (Seeleute), Schiffer jedoch nur, sofern sie Lohn oder Gehalt beziehen,[4])
2. ohne zur Schiffsbesatzung zu gehören, auf deutschen Seefahrzeugen in inländischen Häfen beschäftigt werden, soweit sie nicht auf Grund anderer gesetzlicher Bestimmungen gegen Unfall versichert sind,[5])
3. in inländischen Betrieben schwimmender Docks und ähnlicher Einrichtungen sowie in inländischen Betrieben für die Ausübung des

Lootsendienstes, für die Rettung oder Bergung von Personen oder Sachen bei Schiffbrüchen, für die Bewachung, Beleuchtung oder Instandhaltung der dem Seeverkehre dienenden Gewässer beschäftigt sind,[6])

werden gegen die Folgen[8]) der bei dem Betriebe sich ereignenden Unfälle einschließlich derjenigen Unfälle, welche während des Betriebs in Folge von Elementarereignissen eintreten, nach Maßgabe der Bestimmungen dieses Gesetzes versichert.[7])

Auf Personen in Seeschiffahrts- und anderen unter Abs. 1 fallenden Betrieben, welche wesentliche Bestandtheile eines der Unfallversicherung unterliegenden sonstigen Betriebs sind, findet dieses Gesetz keine Anwendung. Von den Bestimmungen der §§. 3 ff. sind ferner ausgeschlossen die im §. 1 des Gesetzes, betreffend die Fürsorge für Beamte und Personen des Soldatenstandes in Folge von Betriebsunfällen, vom 15. März 1886 (Reichs-Gesetzbl. S. 53) bezeichneten Personen, Beamte, welche in Betriebsverwaltungen eines Bundesstaats oder eines Kommunalverbandes mit festem Gehalt und Pensionsberechtigung angestellt sind, sowie andere Beamte eines Bundesstaats oder Kommunalverbandes, für welche die im §. 12 a. a. O. vorgesehene Fürsorge in Kraft getreten ist.[9])

Welche Betriebe im Sinne dieses Gesetzes versicherungspflichtig sind, bestimmt im Zweifel nach Anhörung des Genossenschaftsvorstandes (§. 41) das Reichs-Versicherungsamt.[10])

§ 1.

[1]) **Neuerungen im § 1.** In Absatz 1 ist die Ziffer 2 durch die R.K. eingeschoben, worüber s. Note 5. Die früheren Absätze 2 und 5 sind durch die Vorlage gestrichen (Begr. S. 142—143), worüber s. Note 3.

[2]) **Deutsche Seefahrzeuge.** Entsprechend dem Grundsatz der Beschränkung der deutschen Unfallversicherungsgesetze auf das Inland, beschränkt sich das S.U.V.G. — soweit dafür nicht inländische Betriebe in Frage kommen (vgl. § 1 Nr. 3) — grundsätzlich auf deutsche Seefahrzeuge, worüber s. zum § 3. Vgl. § 98 Nr. 2 u. 3.

[3]) **Versicherte Personen.** Ihr Kreis ist im § 1 Absatz 1 unter Ziffer 1—3 positiv bestimmt, dagegen negativ durch Absatz 2. Diese Vorschriften sind aber nicht erschöpfend. Im alten S.U.V.G. § 1 lauteten Absatz 2 u. 5:

„Seeleute (Absatz 1 Ziffer 1) unterliegen den Bestimmungen dieses Gesetzes nicht, wenn sie zur Besatzung von Fischerfahrzeugen, oder wenn sie zur Besatzung solcher Seefahrzeuge gehören, die nicht mehr als fünfzig Cubikmeter Bruttoraumgehalt haben und dabei weder Zubehör eines größeren Fahrzeuges, noch auf die Fortbewegung durch Dampf oder andere Maschinenkräfte eingerichtet sind.

Durch Beschluß des Bundesrathes können Personen, welche nach den Bestimmungen des Absatzes 2 von den Vorschriften dieses Gesetzes ausgeschlossen sind, für versicherungspflichtig erklärt werden."

Auf Grund dieser letzten Ermächtigung hat der Bundesrath erlassen eine

a) Bekanntmachung, betreffend die Unfallversicherung von deutschen Hochseefischereidampfern, vom 14. Juni 1895 (RGBl. S. 351);

b) Bekanntmachung, betreffend die Ausdehnung der Unfallversicherung auf die große Heringsfischerei, vom 6. Februar 1896 (RGBl. S. 53) „wobei unter Heringsloggern diejenigen Segelfahrzeuge von mindestens 100 Cubikmeter Netto-Raumgehalt verstanden werden, mit welchen Hochseefischerei auf Heringe in der Art betrieben wird, daß die Fahrzeuge für einen mehrwöchentlichen Aufenthalt auf See ausgerüstet sind und die Heringe auf der Reise an Bord zubereitet, gesalzen und in Fässern verpackt werden (große Heringsfischerei)".

Hierzu heißt es in der n. Begr. S. 143: Hierbei „behält es sein Bewenden; die durch diese Bestimmungen für versicherungspflichtig erklärten Großbetriebe der Seefischerei sind in allen Beziehungen der See-Berufsgenossenschaft einverleibt und haben die Unfallversicherung nach den für die letztere geltenden Bestimmungen in den Abschnitten I bis X des See-Unfallversicherungsgesetzes durchzuführen." (Vgl. unten § 152 Nr. 2.)

Andererseits darf aus der Streichung des früheren Absatzes 2 des § 1 nicht entnommen werden, daß die dort erwähnten Seeleute jetzt unter die Ziffer 1 des § 1 zu bringen wären. Diese Seeleute sind vielmehr — unter näherer Bestimmung ihres Kreises durch den neuen § 152 — in eine besondere Versicherungsanstalt gebracht, deren Träger die See-Berufsgenossenschaft ist (§ 158). S. darüber die neuen §§ 152 ff.

[4]) **Ziffer 1 des § 1.** Die **Schiffsbesatzung** eines deutschen Seefahrzeuges (s. § 3) ist versichert. Das HGB. § 481 besagt: „Zur Schiffsbesatzung werden gerechnet der Schiffer, die Schiffsmannschaft sowie alle übrigen auf dem

Schiffe angestellten Personen." Die SO. § 3 besagt: „Zur Schiffsmannschaft (Mannschaft) werden auch die Schiffsoffiziere mit Ausschluß des Schiffers gerechnet ... Personen, welche, ohne zur Schiffsmannschaft zu gehören, auf einem Schiffe als Maschinisten, Aufwärter oder in anderer Eigenschaft angestellt sind, haben dieselben Rechte und Pflichten ...." Alle diese Personen sollen nach dem SUVG. als „Seeleute" gelten (a. Begr. S. 49), denn sie alle verrichten seemännische Dienste.

In der Rechtsprechung der Gerichte ist aber der Begriff der Schiffsbesatzung des HGB. erstreckt auf nur vorübergehend zu seemännischen Diensten herangezogene Personen und auf Lootsen (außer Zwangslootsen) (vgl. Boyens Seerecht I S. 154ff.; Schaps Seerecht S. 70, 2). Daß das SUVG. § 1 Nr. 1 die Lootsen nicht trifft, beweist die Ziffer 3. Nachdem das RVA. die Zugehörigkeit von im Hafen angenommener Ladearbeiter, ferner sog. Tallyleute zur Schiffsbesatzung verneint hatte (s. Handbuch Nr. 2 zu § 1; vgl. n. RK. S. 2 Abs. 2), hat es neuerdings ebenso erkannt in Betreff eines aushülfsweise im Hafen gegen Tagelohn angenommenen Maschinisten, da kein Anstellungsvertrag in dem Sinne vorliege, daß ein dauerndes auf die Theilnahme an der bestimmungsgemäßen Verwendung des Schiffes, der Seefahrt, gerichtetes Verhältniß begründet sei, welches den Angestellten der Schiffsdisziplin unterwerfe (A. N. 1899 S. 226 Nr. 1742). Der erläuternde Zusatz in Ziffer 1 „Seeleute" läßt diese Auffassung als berechtigt erscheinen. Durch die neue Ziffer 2 ist die Frage übrigens ziemlich gegenstandslos geworden.

Im Uebrigen ist zu bemerken:

a) In der a. R. K. S. 6 wurde regierungsseitig erklärt: daß unter Seeleuten, d. h. den zur Schiffsbesatzung gehörigen Personen, alle auf dem Schiff „angestellten" Personen, einerlei ob dieselben nach der SO. „angeheuert" seien oder nicht, zu verstehen seien. Damit hat offenbar nicht der Ton auf die Heuer (den Lohn) gelegt (s. darüber im Folgenden unter b), sondern gesagt werden sollen, daß es auf eine Anmusterung (Verlautbarung des Heuervertrages, SO. § 11) nicht ankommt. Ein Heuervertrag im Sinne eines Anstellungsvertrages für das Schiff ist in Ziffer 1 vorausgesetzt (arg. s. § 4 Abs. 1 Satz 2).

b) Ob die Mitglieder der Schiffsbesatzung für ihre Dienste ein Entgelt (Heuer) beziehen, ist, abgesehen vom Schiffer, ohne Belang für die Unfallversicherung. „Hiernach sind, ähnlich wie nach § 3 Abs. 3 UVG., auch die Volontäre versichert, welche, ohne Lohn oder Gehalt zu beziehen, auf dem Schiffe zu ihrer Ausbildung oder zu anderen Zwecken Dienste nehmen" (a. Begr. S. 50 Sp. 2).

Dagegen werden Schiffer nur „sofern sie Lohn oder Gehalt beziehen" versichert. Ueber diese Ausnahme heißt es in der a. Begr. S. 50: „Schiffer sind vielfach Eigenthümer der von ihnen geführten Fahrzeuge und erhalten als solche keinen Lohn. Es fehlt an einem ausreichenden Anlaß, auch solche Unternehmer zwangsweise" (s. aber § 5 Abs. 1) „gegen Unfall zu versichern. Sie unterliegen der Unfallversicherung nur dann, wenn sie Lohn oder Gehalt beziehen, wobei aber auf die Höhe nichts ankommt." (S. jedoch § 6 SUVG.) „Solche Schiffer also, welche nur einen Antheil des von ihnen geführten Fahrzeugs besitzen und von der Rhederei als Schiffer besoldet werden, fallen wie andere Personen der Schiffsbesatzung unter das Gesetz." Ebenso RVA. (s. Handbuch Nr. 2 Abs. 1 zu § 1). S. ferner dessen Plenarbeschluß (das. Nr. 3): „Wenn zwei Personen zu gleichen Antheilen Eigenthümer eines Schiffes sind und allein dessen Besatzung bilden, so muß zwar Einer nach außen hin als Schiffer gelten, der Andere wird aber dadurch noch nicht zu einer Person der Schiffsmannschaft; denn es ist nicht angängig, die beiden wirthschaftlich gleich stehenden Unternehmer gegenüber der

Unfallversicherung verschieden zu behandeln. Ein solcher Betrieb ist daher nicht versicherungspflichtig."

c) Ob die Mitglieder der Schiffsbesatzung mit dem Unternehmer verwandt sind, ist für die Unfallversicherung unerheblich. Besteht die Besatzung aus dem Eigenthümer und dessen Sohn, so ist letzterer, selbst wenn er keinen Lohn bezieht, versicherungspflichtig. — Dagegen gilt die Ehefrau, auch wenn sie Schiffsdienste verrichtet, niemals als von ihrem Ehemann beschäftigte Arbeiterin. So das RVA. im Handbuch Nr. 1 zu § 1.

d) Das Alter der Mitglieder der Schiffsbesatzung kommt hier nicht in Betracht (vgl. SO. § 5 Abs. 2).

e) Die Nationalität der Mitglieder der Schiffsbesatzung ist für die Versicherungspflichtigkeit unerheblich (s. a. Begr. S. 48 Sp. 2), vgl. jedoch §§ 27, 99 Abs. 2.

[5]) **Ziffer 2 des § 1.** Zur Begründung dieser von der RK. eingeschobenen Ziffer wurde ausgeführt (n. RK. S. 2): „Es bestehe nach der Rechtsprechung des Reichs-Versicherungsamtes" (s. A. N. 1899 S. 226 Nr. 1742) „in der Unfallfürsorge für die auf Seeschiffen beschäftigten Personen eine Lücke; wenn nämlich die Schiffe in den Hafen kommen, werde häufig die gesammte Besatzung abgemustert, und es würden gegen Tagelohn Leute an Bord gesetzt, denen die Bewachung, Reinigung und Ausbesserung von Schiff, Takelage und Dampfmaschine übertragen werde. Oft würden mit diesen Arbeiten Seeleute oder Maschinisten beauftragt, die demnächst für das Schiff angemustert werden sollten; diese seien dann bei den in ihr Fach schlagenden Arbeiten lediglich um deswillen nicht versichert, weil sie noch nicht angemustert seien. Aber nicht nur ‚auf dem Schiffe' würde in dieser Weise gearbeitet, sondern es komme auch vor, daß ein in dieser Weise statt der angeheuerten Maschinisten oder neben diesen beschäftigter Maschinist einen Maschinentheil zur Ausbesserung in eine Maschinenfabrik zu tragen und dort die schleunige und sachgemäße Ausführung der Reparatur

zu überwachen habe. Die hiernach bestehende Lücke müsse ausgefüllt werden." — Nicht auf Grund dieser Ziffer 2, sondern „auf Grund anderer gesetzlicher Bestimmungen" versichert würden z. B. die in der RK. erwähnten Stauereiarbeiter sein (vgl. ob. N. 4 Abs. 1 a. E.).

[6]) **Ziffer 3 des § 1.** „Wie nach dem UVG. einzelne Betriebszweige einer Genossenschaft auch wider ihren Willen zugetheilt werden dürfen, sofern sie anderweit nicht wohl untergebracht werden können, so ist es auch hier nicht zu umgehen, der Genossenschaft für Seefahrtsbetrieb einige andere Betriebszweige, welche sämmtlich zu dem Betriebe der Seeschiffahrt mehr oder weniger in Beziehung stehen, zuzuweisen" (a. Begr. S. 47 Abs. 3). Dies sind

a) inländische Betriebe schwimmender Docks und ähnliche Einrichtungen. Gegenüber Bedenken in der a. RK., daß solche Docks zu dem UVG. unterliegenden Werftbetrieben gehörten, wurde regierungsseitig geltend gemacht (a. RK. S. 4): „es werde nicht beabsichtigt, eine Aenderung in der Zubehörigkeit der Docks zu der Berufsgenossenschaft, der sie bis jetzt angehörten, herbeizuführen; es gäbe aber auch schwimmende Docks, die nicht mit einem Werftbetriebe in Verbindung ständen."

b) inländische Betriebe für die Ausübung des Lootsendienstes. Hierüber heißt es in der a. Begr. S. 47 Abs. 4: „diese sind nicht überall als Beamte angestellt; es wird vielmehr der Lootsendienst auch selbständig und mit Gehilfen als Gewerbe betrieben. Nach den bisherigen Bestimmungen der UV.-Gesetzgebung muß es bezüglich der vom Staat oder einem Kommunalverbande als Beamte mit festem Gehalt und Pensionsberechtigung angestellten Lootsen bei den dienstpragmatischen Bestimmungen des betreffenden Bundesstaats oder Kommunalverbandes verbleiben, während diejenigen Lootsen, welche ihr Gewerbe selbständig betreiben, zur Unfallversicherung zwar zuzulassen" (s. a. SUVG. § 4, jetzt § 5

Abs. 2), „aber nicht füglich zu verpflichten sein werden. Dagegen müssen die von den letzteren bei ihrem Gewerbe beschäftigten Personen auf Kosten der betreffenden Gewerbetreibenden gegen Unfall versichert werden, und das kann wegen der geringen Zahl der in Betracht kommenden Personen und wegen ihrer zahlreichen Berührungspunkte mit der Seeschiffahrt nur durch Betheiligung an der Genossenschaft für die Seeschiffahrt erfolgen . . ." (Vgl. für Stromlootsen A. N. 1887 S. 213 Nr. 401.)

c) inländische Betriebe für die Rettung oder Bergung von Personen oder Sachen bei Schiffbrüchen, wie z. B. die Deutsche Gesellschaft zur Rettung Schiffbrüchiger (vgl. a. Begr. S. 47/48).

d) inländische Betriebe für die Bewachung, Beleuchtung oder Instandhaltung der dem Seeverkehre dienenden Gewässer.

Für die Bewachung kommen in Betracht: „Fahrzeuge, welche den Strompolizeibeamten, Hafenmeistern und in gleichartiger Stellung befindlichen Personen bei Ausübung ihres Dienstes unterstehen" (so Regierungsvertreter in a. RK. S. 6).

Für die Instandhaltung der fraglichen Gewässer kommt namentlich der Baggereibetrieb in Betracht, welcher jedoch schon dem sog. Ausdehnungs-UVG. vom 28. Mai 1885 (RGBl. S. 159) unterlag und nach der Erklärung der Regierungsvertreter aus der alten Berufsgenossenschaft nicht herausgenommen werden sollte (a. RK. S. 6/7). — Als hierher gehörig hat das RVA. erachtet: einen Dampf-Eisbrecher-Betrieb auf dem Kurischen Haff, da er der Offenhaltung des Fahrwassers diene; einen Betrieb, welcher das Auslegen von Tonnen zur Bezeichnung des Fahrwassers für Seeschiffe zum Gegenstand hat (Handbuch N. 5 zu § 1).

[7]) **Betriebsunfälle.** Nur für solche gelten die Unfallversicherungsgesetze.

a) „bei dem Betriebe sich ereignende Unfälle.“ Ein solcher Unfall ist, wie das Reichsgericht in seinen Entsch. XXI S. 78 zu dem entsprechenden UVG. ausführt, ein zeitlich bestimmtes Ereigniß, welches in seinen, möglicherweise erst allmählich hervortretenden Folgen den Tod oder die Körperverletzung des Versicherten verursacht hat, nicht aber sei hier ‚Unfall‘ in einem weiteren Sinne aufzufassen, insbesondere auch nicht „eine Reihe nicht auf bestimmte Ereignisse zurückzuführende Einwirkungen, welche in ihrem Zusammentreffen allmählich zum Tode oder zur Körperverletzung führen, als Unfall im Sinne des Gesetzes anzusehen.“ S. ferner Reichsgericht XLIV Nr. 63. Dem entsprechend hat das RVA. stets die Plötzlichkeit als Begriffsmerkmal des Betriebsunfalles betont (s. Handbuch z. UVG. § 1 N. 34). Deshalb gehört namentlich das Klimafieber nicht zu den Betriebsunfällen. Gegentheilige Anträge sind abgelehnt (s. a. Begr. S. 51, a. RK. S. 4/5, n. RK. S. 2—3, wo darauf hingewiesen ist, daß die See-Berufsgenossenschaft beabsichtige, von der Befugniß des § 11 des Invalidenversicherungsgesetzes Gebrauch zu machen; Sten. Berichte S. 5508—5510).

Unfall und Betrieb müssen im ursächlichen Zusammenhang stehen (a. Begr. S. 51; Reichsgericht XXIV S. 124, 333), was der Beanspruchende zu beweisen hat. Das RVA. stellt an den Kausalzusammenhang verhältnißmäßig milde Anforderungen, besonders auf dem Gebiete des SUVG. Im Handbuch zu § 1 N. 10 heißt es: „Der Begriff des Betriebsunfalls ist auf dem Boden des SUVG. in Berücksichtigung der eigenartigen Verhältnisse und Gefahren der Schiffahrt nicht zu eng zu fassen. Das RVA. hat aus diesem Gesichtspunkte den Tod eines Schiffers durch Herzschlag während eines Typhons, den Tod eines Schiffers durch Skorbut nach Genuß verdorbenen Schiffswassers, den Tod eines Schiffsmannes durch Fischgift nach Genuß einiger während der

Fahrt gefangener giftiger Fische als Betriebsunfall angesehen."

Daß es sich um gerade dem betreffenden Betriebe eigene besondere Gefahren handeln müsse, ist nicht vom Gesetz erfordert (s. Handbuch z. UVG. § 1 N. 37).

Ebensowenig ist erfordert, daß der Betrieb, bei welchem sich der Unfall ereignet, gerade auf dem Seefahrzeug stattfand, z. B. wenn ein Schiffsmann sein Schiff vom Lande aus festlegt. Vgl. Note 2 zu § 5, ferner den oben in Note 5 erwähnten Fall (s. n. RK. S. 2 Abs. 2), auch Reichsgericht XXVII Nr. 8.

Ob der Betreffende sich bewußt ist oder nicht, daß er im Betriebe thätig ist, ist ohne Belang (Reichsgericht XXVII Nr. 8 S. 34 unten).

b) „Unfälle, welche während des Betriebs in Folge von Elementarereignissen eintreten." Das ist, wie a. Begr. S. 51 bemerkt, bestimmt, um sonst mögliche Zweifel abzuschneiden, „denn bei der Seeschiffahrt haben elementare Ereignisse eine andere Bedeutung, wie bei Betrieben des festen Landes". Es würden daher Unfälle durch Blitzschlag stets hierher gehören, während dies vom RVA. für das UVG. nur für den Fall einer durch den Betrieb erhöhten Blitzgefahr angenommen ist (vgl. Handbuch zu UVG. § 1 N. 38).

[8]) Gegen welche **Folgen** solcher Unfälle die Versicherung gilt, darüber s. § 8 Abs. 1. Ausnahmen s. § 8 Abs. 2 u. 3.

[9]) **Absatz 2 des § 1:** Einschränkungen von Abs. 1 Ziffer 1—3.

a) Satz 1 des Abs. 2. Das ist bestimmt entsprechend dem § 1 Abs. 6 UVG. (jetzt GUVG. § 2 Abs. 5), weil kein Anlaß gegeben sei, „die in diesen Betrieben beschäftigten Personen aus dem Bereiche der bisher für sie geltenden Bestimmungen herauszuheben" (a. Begr. S. 51; vgl. a. RK. S. 7 sub 3). — Nach dem RVA. (Handbuch N. 9 zu § 1) ist der Begriff des wesentlichen Bestandtheils hier scharf zu nehmen und deshalb ein Seeschiffahrtsbetrieb, welcher mit einem Dampfer die Erzeugnisse einer Pappenfabrik von der unteren Ems nach England brachte und gelegentlich der Rückfahrt Kohlen für den Fabrikbetrieb mitnahm, nicht als wesentlicher Bestandtheil des letzteren angesehen worden.

Stellt sich andererseits ein nach dem UVG. versicherungspflichtiger Betrieb als Nebenbetrieb eines unter SUVG. § 1 Abs. 1 fallenden Betriebes heraus (z. B. eine Schiffsreparatur-Anstalt, ein Güterladebetrieb), so leidet doch nicht das SUVG. als Sondergesetz, welches auf die Betriebe seiner §§ 1, 4, 5 beschränkt ist, Anwendung; § 9 Abs. 3 UVG. (jetzt § 28 Abs. 2 Satz 1 GUVG.) ist nicht sinngemäß anzuwenden. So Rundschreiben des RVA. v. 31. Jan. 1888, A. N. 1888 S. 168 bis 169.

b) Satz 2 des Abs. 2 beläßt es für solche Beamte und Soldaten ꝛc. bei dem bisherigen Recht, dem Gesetz vom 15. März 1886, welches also namentlich für die Bemannung der deutschen Kriegsfahrzeuge gilt (vgl. a. Begr. S. 51). Das ist der größeren Deutlichkeit halber im SUVG. hervorgehoben (a. RK. S. 7 sub 4).

[10]) **Absatz 3 des § 1.** Entsprechend GUVG. § 2 Abs. 4.

§. 2.

Die Versicherung erstreckt sich auf häusliche und andere Dienste, zu denen versicherte Personen neben der Beschäftigung im Betriebe von ihren Arbeitgebern oder von deren Beauftragten herangezogen werden, sowie auf Dienstleistungen versicherter Personen bei Rettung oder Bergung von Personen oder Sachen.[1])

§ 2.

[1]) Der § 2 ist neu. Sein erster Theil entspricht dem neuen § 3 GUVG. Solche Erstreckung der Versicherung auf Nicht-Betriebs-Unfälle ist aus Billigkeits- und Zweckmäßigkeitsgründen erfolgt (s. n. Begr. S. 6—7, 42/43, 143). Vgl. N. 3 zu § 5.

Ueber den Schlußsatz heißt es in der n. Begr. S. 143: „Mit Rücksicht auf die besonderen Verhältnisse auf See ist aber die Versicherung noch auf diejenigen Dienste ausgedehnt worden, die von einer versicherten Person ohne Auftrag eines Vorgesetzten für die Rettung oder Bergung von Personen oder Sachen, sei es auf See, sei es im Hafen, geleistet werden. Die Thätigkeit für diese Zwecke ist auch gegenüber der Besatzung und Ladung eines fremden Schiffes, zu welchem der versicherte Seemann nicht gehört, in besonderem Maße Berufspflicht."

§. 3.[1])

Als ein deutsches Seefahrzeug im Sinne dieses Gesetzes gilt jedes ausschließlich oder vorzugsweise zur Seefahrt benutzte Fahrzeug, welches unter deutscher Flagge fährt.[2])

Als Seefahrt (Abs. 1) gilt nicht nur der Verkehr auf See außerhalb der Grenzen, die durch §. 1 der zum §. 25 des Flaggengesetzes vom 22. Juni 1899 erlassenen Ausführungsbestimmungen vom 10. November 1899 (Centralblatt für das Deutsche Reich S. 380) festgesetzt sind, sondern auch die Fahrt auf Buchten, Haffen und Watten der See, nicht aber auf anderen mit der See in Verbindung stehenden

Gewässern, auch wenn sie von Seeschiffen befahren werden.[3])

Betriebe, welche nach den vorstehenden Bestimmungen als Seeschiffahrtsbetriebe sich darstellen, scheiden, sofern sie auf Grund anderer Gesetze einer Berufsgenossenschaft bereits zugetheilt sind, aus der letzteren mit den aus §. 53 des Gewerbe-Unfallversicherungsgesetzes sich ergebenden Rechtswirkungen aus.[4])

Rheder im Sinne dieses Gesetzes sind die Eigenthümer der unter dasselbe fallenden Fahrzeuge, sofern eine Rhederei besteht (§. 489 des Handelsgesetzbuchs), die Rhederei.[5])

§ 3.

[1]) Der § 3 giebt den alten § 2 unverändert wieder, nur daß im Abs. 2 auf die dort erwähnte neue Verordnung verwiesen ist.

[2]) **Absatz 1: Deutsches Seefahrzeug.** Auf solche beschränkt sich das SUVG. (s. N. 2 zu § 1). Das sind Fahrzeuge, welche

a) zur Seefahrt benutzt werden. Hierüber s. Abs. 2 (Note 3).

b) Zu welchem Zweck die Seefahrt erfolgt, ist hier unerheblich. Das SUVG. beschränkt sich nicht etwa, wie das HGB., auf zum Erwerb durch die Seefahrt bestimmte Schiffe (Kauffahrteischiffe), sondern trifft (ebenso wie das Bsch.G.) alle Schiffe, mögen sie dem Erwerb, dem Vergnügen, der Wissenschaft oder staatlichen Zwecken dienen (a. Begr. S. 52; Bek. des RVA. v. 21. Juli 1887, A. N. 1887 S. 183ff. Nr. 4). Prinzipiell gehören daher auch deutsche Kriegsschiffe hierher, s. aber Note 9, b zu § 1.

c) Die Benutzung ausschließlich oder vorzugsweise zur Seefahrt soll kein Merkmal zwischen versicherungspflichtigen und nichtversicherungspflichtigen Seeschiffahrtsbetrieben schaffen, sondern ein Merkmal zwischen den dem SUVG. unterliegenden Seeschiffahrtsbetrieben und den dem GUVG. unterliegenden Binnenschiffahrtsbetrieben geben (RVA. Handbuch N. 1 zu § 2; Bek. cit. sub b Nr. 5; a. Begr. S. 53 Abs. 1 a. E.). Entsprechend wird die Grenze zwischen HGB. und BschG. darauf abgestellt, ob das Schiff regelmäßig See- oder Binnenschiffahrt betreibt (vgl. Mittelstein, Binnenschiffahrtsrecht, N. 4 zu § 1; s. Reichsgericht bei Bolze XIX Nr. 31; Handbuch N. 4 zu § 2).

d) Deutsch ist ein Seefahrzeug i. S. des SUVG., wenn es unter deutscher Flagge fährt. In der Reichstagsvorlage war die Entscheidung darauf abgestellt, daß das Schiff im alleinigen Eigenthum Deutscher sein müsse, in welchem Falle nach dem Bundesgesetz v. 25. Oktober 1867 Kauffahrteischiffe zur Führung der Bundes(Reichs)flagge berechtigt sind (s. a. Begr. S. 52). Nachdem hiergegen schon in der a. RK. S. 8 Bedenken erhoben waren, weil keine Pflicht zur Führung der Reichsflagge bestehe, ist vom Plenum auf Antrag des Abg. Struckmann der Abs. 1 gefaßt worden, wie jetzt im Gesetz (s. Drucksache Nr. 208, 1; Stenographische Berichte 1887 S. 1017). Ausschlaggebend war hierbei die Erwägung, daß ein Wechsel im Eigenthum nicht stets zur Kenntniß der Behörden gelange und sich erst vielleicht nach Jahren herausstellen könne. Ganz einwandfrei ist die gesetzliche Formulirung aber auch nicht. Gewiß ist ein gelegentliches unberechtigtes Hissen der deutschen Flagge kein „Fahren unter deutscher Flagge“, denn dieser Ausdruck deutet auf ein dauerndes Verhältniß. Wie aber, wenn ein Schiff unberechtigt unter deutscher Flagge fährt? Bei den Reichstagsverhandlungen ist einerseits betont worden, daß das Schiff hierzu berechtigt sein muß, andererseits, daß es nicht schaden könne, wenn z. B. eine kleine Part in die Hand eines Ausländers gerathe, das aber unbekannt bleibe. (Ebenso die Bek. cit. sub b Nr. 6.) Dergleichen Schwierigkeiten werden durch das neue Flaggengesetz vom 22. Juni 1899 (RGBl. S. 319) § 3 vielfach behoben. Im Zweifel wird man zu Gunsten der Besatzung annehmen dürfen, daß ein unberechtigtes Fahren unter deutscher Flagge nur dann dem Schiff die Eigenschaft eines deutschen i. S. des SUVG. nimmt, wenn solche Nichtbefugniß öffentlich hervorgetreten ist.

[3]) **Absatz 2: Seefahrt i. S. des SUVG.** Der Begriff der Seefahrt wechselt, je nach den einzelnen Rechtsmaterien. Im Sinne des Flaggengesetzes vom 22. Juni 1899 (RGBl. S. 319) ist a. Gr. seines § 25 der Begriff der Seefahrt durch Bekanntmachung des Bundesraths vom 10. November 1899 § 1 (übereinstimmend mit der früheren Bekanntmachung vom 13. November 1873) dahin festgesetzt:

„Als Seefahrt im Sinne des § 1 des Gesetzes vom 22. Juni 1899 ist in den nachstehend aufgeführten Revieren die Fahrt anzusehen:

1. bei Memel
   außerhalb der Mündung des Kurischen Haffs,
2. bei Pillau
   außerhalb des Pillauer Tiefs,
3. bei Neufahrwasser
   außerhalb der Mündung der Weichsel,

4. in der Putziger Wiek
außerhalb Rewa und Heisterneſt,
5. bei Dievenow, Swinemünde und Peenemünde
außerhalb der Mündung der Dievenow und Swine ſowie außerhalb der nördlichen Spitze der Insel Usedom und der Insel Ruden,
6. bei Rügen
östlich:
außerhalb der Insel Ruden und dem Thiessower Höft,
westlich:
außerhalb Wittower Posthaus und der nördlichen Spitze von Hiddens-Oe sowie außerhalb des Bock bei Barhöft,
7. bei Wismar
außerhalb Jackelsberg-Riff, Hannibal-Grund, Schweinskötel und Lieps, sowie außerhalb Tarnewitz,
8. auf der Kieler Föhrde
außerhalb Stein bei Labö und Bülk,
9. auf der Eckern Föhrde
außerhalb Rienhof und Bocknis,
10. bei Flensburg, Sonderburg und Apenrade
außerhalb Birknakke und Kekenis-Leuchtthurm sowie außerhalb Tundtoft-Nakke und Kundshoved,
11. bei Hadersleben
außerhalb Raadhoved, Insel Aarö, Insel Linderum und Orbyhage,
12. bei Husum
außerhalb Nordstrand,
13. auf der Eider
außerhalb Vollerwiek und Hundeknoll,
14. auf der Elbe
außerhalb der westlichen Spitze des hohen Ufers (Dieksand) und der Kugelbake bei Döse,

15. auf der Weser
außerhalb Kappel und Langwarden,
16. auf der Jade
außerhalb Langwarden und Schillingshörn,
17. auf der Ems
außerhalb der westlichen Spitze der Westermarsch (Utlands-Hörn) und Ostpolder Siel.

Für die Schutzgebiete bleibt die Bestimmung der Grenzen der Seefahrt dem Reichskanzler oder den von ihm hierzu ermächtigten Beamten überlassen."

Zu diesem Gebiet (welches für die Grenzen des HGB. und des BschG. noch nicht ohne Weiteres als See gilt, vgl. Reichsgericht XIII Nr. 22) kommt für das SUVG. „in Anlehnung an § 1 der Schiffsvermessungsordnung vom 5. Juli 1872 (RGBl. S. 367)" (s. a. Begr. S. 53) hinzu „die Fahrt auf Buchten, Haffen und Watten der See", worunter das RVA. (Handbuch N. 3 zu § 2) rechnet: die Rügen'schen Gewässer, den Greifswalder Bodden, die Eckernförder Bucht sowie alle Buchten, welche nicht als Flußmündungen anzusehen sind, die Föhrden, das Wattenmeer, das Pommersche (Stettiner), Frische und Kurische Haff. Ein Schiff, welches vorzugsweise nur auf solchen Gewässern fährt, ist ein Seefahrzeug i. S. des SUVG.

Dagegen gilt nicht als Seefahrt i. S. des SUVG. (s. jedoch dessen § 152 Nr. 3!) die Fahrt auf anderen mit der See in Verbindung stehenden Gewässern, auch wenn sie von Seeschiffen befahren werden, wie dies namentlich bei den Mündungen und unteren Läufen großer Flüsse, insbesondere der Elbe und Weser, der Fall ist (für welche Gewässer dagegen namentlich auch die Verordnung über das Verhalten der Schiffer nach einem Zusammenstoße von Schiffen auf See, vom 15. August 1876, RGBl. S. 189, und die Kaiserliche Verordnung zur Verhütung des Zusammenstoßens der Schiffe auf See, vom 9. Mai 1897, RGBl. S. 205, Anwendung finden).

[4]) **Absatz 3** enthält eine Uebergangsvorschrift, welche sich insbesondere auch auf § 1 bezieht. Vgl. ob. Note 6, d zu § 1; a. RK. S. 9 ob.

[5]) **Absatz 4: Rheder.** Wenn es in a. Begr. S. 53 heißt: „Als ‚Rheder' sind in Uebereinstimmung mit dem in der bisherigen Gesetzgebung (vgl. Art. 450 HGB.) wie im Verkehr üblichen Sprachgebrauch die Eigenthümer der Fahrzeuge ... bezeichnet", so ist der Hinweis auf das HGB. jedenfalls unzutreffend, denn nach dessen § 484 ist „Rheder der Eigenthümer eines ihm zum Erwerb durch die Seefahrt dienenden Schiffes". Ebenso herrschte in der a. RK. S. 9 Einverständniß, daß HGB. § 510 (Art. 477) hier keine Anwendung leide, weil der Begriff des Rheders im SUVG. absichtlich nur auf das Eigenthum an dem Schiffe gesetzt sei (vgl. Note 2 zu § 32).

Deshalb ist die Schlußwendung des § 3 „sofern eine Rhederei besteht (§ 489 HGB.), die Rhederei" überflüssig und irreleitend, da es auf deren Merkmal: die Verwendung zum Erwerb durch die Seefahrt für gemeinschaftliche Rechnung, für das SUVG. eben nicht ankommt!

§. 4.[1])

Die Versicherung gilt für die Zeit vom Beginne bis zur Beendigung des Dienstverhältnisses einschließlich der Beförderung vom Lande zum Fahrzeug und vom Fahrzeug zum Lande.[2]) Die Versicherung erstreckt sich auch auf Unfälle, welche die nach §. 1 versicherten Personen auf einem deutschen Seefahrzeug, auf welchem sie beschäftigt sind, ohne zur Besatzung desselben zu gehören, bei dem Betrieb erleiden,[3]) sowie auf Unfälle, welche deutsche Seeleute bei der auf Grund des Handelsgesetzbuchs oder der Seemannsordnung vom 27. Dezember 1872 (Reichs-Gesetzbl. S. 409) oder des Gesetzes, betreffend die Verpflichtung deutscher Kauffahrteischiffe zur Mitnahme hülfsbedürftiger Seeleute, vom 27. Dezember 1872 (Reichs-Gesetzbl. S. 432) ihnen gewährten freien Zurückbeförderung oder Mitnahme auf deutschen Seefahrzeugen erleiden.[4]) Im Falle des Flaggenwechsels gilt als Beendigung des Dienstverhältnisses der Zeitpunkt, in welchem der Versicherte seine Entlassung beanspruchen durfte.[5])

Ausgeschlossen von der Versicherung sind Unfälle, welche der Versicherte während einer Zeit erleidet, in welcher er sich pflichtwidrig von Bord entfernt hatte, oder welche er während eines Urlaubs an Land erleidet, wenn er in eigener Angelegenheit das Schiff verlassen hat.[6])

§ 4.

[1]) § 4 ist, abgesehen von dem Schlußsatz des Absatzes 2, der unveränderte § 3 des a. SUVG.

[2]) **Absatz 1 Satz 1** bestimmt die Zeitdauer der Versicherung „für die ganze Dauer des Dienstverhältnisses (vgl. insbesondere §§ 28, 54, 55, 56 SO.) einschließlich der Beförderung vom Lande zum Fahrzeug und vom Fahrzeug zum Lande. Es fehlt an ausreichendem Anlaß, die Versicherung auf Unfälle, welche ein Seemann an Bord seines Fahrzeuges erleidet, zu beschränken; die Versicherung muß vielmehr auch diejenigen Unfälle umfassen, welche dem Seemann während der Beförderung zu dem

Fahrzeug, für das er geheuert ist, während der Ausschiffung nach beendigter Reise, während seiner dienstlichen Verwendung an Land oder an Bord eines Leichterfahrzeugs xc. zustoßen" (vgl. N. 7, a a. E. zu § 1), „sobald diese Unfälle nur mittelbar oder unmittelbar mit seinem Dienstverhältnisse einen ursächlichen Zusammenhang haben" (a. Begr. S. 53).

³) **Absatz 1 Satz 2, erster Theil.** Zusatz der a. RK. S. 10, weil es nicht selten vorkomme, „daß Rheder, welche mehrere Fahrzeuge besäßen, Mannschaften von einem Schiffe auf dem anderen beschäftigten, sowie ferner, daß auch Seeleute von Schiffen der einen Rhederei Aushülfe auf einem Fahrzeuge der anderen Rhederei leisteten." Vgl. den neuen § 2.

⁴) **Absatz 1 Satz 2, zweiter Theil.** Auf solcher Rück- resp. Heimbeförderung (s. HGB. §§ 547 ff. für einen Schiffer; SO. §§ 58 ff. für Mannschaft) gehören die Betreffenden nicht zur Besatzung, sollen aber trotzdem, aus Billigkeitsgründen, gegen „Unfälle" versichert sein.

⁵) **Absatz 1 Satz 3: Flaggenwechsel.** Damit hört die Versicherung der Besatzung auf (s. N. 2, d zu § 3). Nach SO. § 61 Nr. 2 kann der Schiffsmann, wenn das Schiff seine Flagge wechselt, seine Entlassung fordern und kann dann freie Zurückbeförderung verlangen (SO. § 63 i. V. m. § 59), auf welcher er versichert ist (vgl. a. Begr. S. 54).

⁶) **Absatz 2.** Nicht als Betriebsunfälle sollen gelten:

a) Unfälle, welche der Versicherte während einer Zeit erleidet, in welcher er sich pflichtwidrig (s. Reichstagsverhandlungen 1887 S. 1018) von Bord entfernt hatte. Im Entwurf hieß es „ohne Erlaubniß des zuständigen Vorgesetzten" (vgl. a. RK. S. 9/10). Das RVA. verlangt, daß die Pflichtwidrigkeit dem Seemann zum Bewußtsein gekommen sein muß, was es in einem Fall verneint hat, wo die Mannschaft eines brennenden Dampfers dem Befehle des Schiffers, an Bord zu bleiben, im Nothstande nicht Folge geleistet hatte (A. N. 1890 S. 184, Nr. 814),

b) Unfälle, welche der Versicherte während eines Urlaubs an Land erleidet, wenn er in eigener Angelegenheit das Schiff verlassen hat. Früher hieß es nur „während des Urlaubs". Die Einschränkung ist von der n. RK. S. 3/4 gemacht, um Widersprüche gegen den neuen § 2 abzuschneiden.

§. 5.

Durch das Statut kann die Versicherungspflicht auf die Rheder erstreckt werden, sofern sie zur Besatzung des Fahrzeugs gehören und die letztere außer ihnen regelmäßig nicht mehr als zwei Personen umfaßt.[1])

Rheder, welche nicht schon nach den vorstehenden Bestimmungen versichert sind, Lootsen, welche ihr Gewerbe für eigene Rechnung betreiben, sowie die Unternehmer der übrigen nach §. 1 versicherten Betriebe sind berechtigt, sich selbst[3]) gegen die Folgen der bei dem Betriebe sich ereignenden Unfälle nach Maßgabe der Vorschriften dieses Gesetzes zu versichern.[2])

§ 5.

[1]) **Absatz 1** ist neu. Er entspricht dem GUVG. § 5 Abs. 1 und dem BUVG. § 4 Abs. 1. Durch das Statut (§ 37) kann also eine Versicherungspflicht der bezeich-

neten kleinen und selbst fahrenden Rheder (namentlich Küstenfahrer) ausgesprochen werden. Die Grenze: Beschäftigung von regelmäßig nicht mehr als zwei Personen, entspricht den verwandten Gesetzen (s. n. Begr. S. 143).

²) **Absatz 2** entspricht dem früheren § 4 unter Fortlassung der Worte „oder andere in dem Betriebe beschäftigte, nach § 1 nicht versicherte Personen", worüber s. jetzt § 7 sub a. — Wegen dieser Rheder s. zu § 1 Note 4, b; wegen der Lootsen s. zu § 1 Note 6, b. — Der Abs. 2 beschränkt das Recht zur Versicherung nicht auf Unternehmer mit bestimmtem Einkommen, wie GUVG. § 5 Abs. 2.

³) „Die Selbstversicherung der Unternehmer umfaßt selbstverständlich nur die Folgen von Unfällen beim Betrieb, da die Voraussetzungen, unter denen nach" § 2 „auch die Folgen von Unfällen bei anderer Verrichtung als mitversichert gelten, bei den Betriebsunternehmern nicht vorkommen" (n. Begr. zum GUVG. S. 45 Abs. 3).

§. 6.

Die Versicherung erstreckt sich auf einen Jahresarbeitsverdienst bis einschließlich dreitausend Mark. Durch das Statut (§. 37) kann die Versicherung auf einen höheren Jahresarbeitsverdienst erstreckt werden.¹)

§ 6.

¹) Für die Versicherungspflicht ist es, abgesehen vom Schiffer (§ 1 Nr. 1), unerheblich, ob Lohn (Gehalt) gewährt wird (s. N. 4, a zu § 1). Ebenso ist die Lohnfrage für eine Versicherung nach §§ 5, 7 unerheblich.

Dagegen begrenzt der § 6 die Versicherungssumme auf einen Jahresarbeitsverdienst von (früher 2000 Mk., jetzt) 3000 Mk., entsprechend den verwandten Gesetzen, um eine übermäßige Belastung der Genossenschaft zu verhindern, welcher es jedoch — nach Satz 2 — unbenommen ist, die Versicherungssumme zu erhöhen, wovon jedoch bislang kein Gebrauch gemacht ist.

Ueber die Feststellung des Jahresarbeitsverdienstes s. §§ 10, 11.

§. 7.

Durch Statut kann ferner bestimmt werden, daß und unter welchen Bedingungen gegen die Folgen der bei dem Betrieb oder Dienste sich ereignenden Unfälle versichert werden können

a) im Betriebe beschäftigte, aber nach §§. 1 oder 2 nicht versicherte Personen durch den Betriebsunternehmer;

b) nicht im Betriebe beschäftigte, aber die Betriebsstätte besuchende oder auf derselben verkehrende Personen durch den Betriebsunternehmer oder den Vorstand der Berufsgenossenschaft (§. 32);

c) Organe und Beamte der Berufsgenossenschaft durch deren Vorstand.[1])

§ 7.

[1]) Der § 7 ist neu; seine Bestimmung unter a ist jedoch dem früheren § 4 (s. N. 2 zu § 5) entnommen.

Der § 7 entspricht durchaus dem § 5 Abs. 3 GUVG. S. dazu die n. Begr. S. 45—46. Die RK. hat unter b die Worte „oder auf derselben verkehrende" eingeschaltet. S. ferner noch Mantelgesetz § 23.

Gegenstand der Versicherung und Umfang der Entschädigung.

§. 8.

Gegenstand der Versicherung ist der nach Maßgabe der nachfolgenden Bestimmungen zu bemessende Ersatz des Schadens, welcher durch Körperverletzung oder Tödtung entsteht.[1])

Dem Verletzten und seinen Hinterbliebenen steht ein Anspruch nicht zu, wenn er den Unfall vorsätzlich herbeigeführt hat.[2]) Der Anspruch kann ganz oder theilweise abgelehnt werden, wenn der Verletzte den Unfall bei Begehung eines durch strafgerichtliches Urtheil festgestellten Verbrechens oder vorsätzlichen Vergehens sich zugezogen hat. In Fällen der letzteren Art kann die Rente, sofern der Verletzte im Inlande wohnende Angehörige hat, welche im Falle seines Todes Anspruch auf Rente haben würden, ganz oder theilweise den Angehörigen überwiesen werden.

Die Ablehnung kann, auch ohne daß die vorgesehene Feststellung durch strafgerichtliches Urtheil stattgefunden hat, erfolgen, falls diese Feststellung wegen des Todes oder der Abwesenheit des Betreffenden oder aus einem anderen in seiner Person liegenden Grunde nicht erfolgen kann.[3])

§ 8.

[1]) **Absatz 1** entspricht dem früheren § 8 Satz 1. Genau ebenso lautet GUVG. § 8 Abs. 1 (gleich UVG. § 5 Abs. 1), weshalb i. A. darauf verwiesen wird.

Körperverletzung schließt auch geistige und seelische Störungen ein (Handbuch N. 1 z. § 5 UVG.).

Körperverletzung oder Tod braucht nicht die unmittelbare Folge des Betriebsunfalls zu sein. Es genügt, daß die beim Unfall erlittene Verletzung eine mitwirkende Ursache bildet (Handbuch N. 2 zu § 5 UVG.). Dadurch, daß der Verletzte pflichtwidrig die Heilung hindert, wird der Kausalzusammenhang durchbrochen (das. N. 3).

Schadensersatz s. § 9. — „Die in Art. 523 Abs. 4, 524 Abs. 2 [jetzt §§ 553, 554] HGB. bezw. in §§ 49 Abs. 2, 51 Abs. 2 SO. denjenigen Schiffern bezw. Personen der Schiffsmannschaft, welche die Verletzung oder den Tod bei der Vertheidigung des Schiffes erlitten haben, zugesicherte, nöthigenfalls von dem Richter zu bestimmende Belohnung ist kein Schadensersatz, bleibt also von den Bestimmungen dieses Entwurfs unberührt" (a. Begr. S. 56/57).

[2]) **Absatz 2 Satz 1** entspricht dem früheren § 8 Satz 2. Genau ebenso GUVG. § 8 Abs. 2 Satz 1 (gleich UVG. § 5 Abs. 7).

Vorsatz ist bewußtes Wollen. Hochgradiger Leichtsinn, Handeln gegen direktes Verbot sind noch kein vorsätzliches Herbeiführen des Unfalls (s. Handbuch N. 42, 43 zu § 5 UVG.).

Der Nachweis, daß eine vorsätzliche Herbeiführung des Betriebsunfalls vorliegt, wird vom RVA. streng erfordert (Handbuch N. 42 zu § 5 UVG.). Die Beweislast trifft die Genossenschaft.

[3]) **Absatz 2 Satz 2, 3 und Absatz 3** sind Neuerungen, welche sich wörtlich übereinstimmend im GUVG. § 8 Abs. 2 u. 3 finden. Ihr Vorbild haben sie im In-

validenversicherungsgesetz § 17, neu ist jedoch Abs. 2 Satz 3. — Ein Antrag, Abs. 2 u. 3 zu streichen, wurde von der n. RK. S. 10—11 abgelehnt, ebenso im Plenum, s. Sten. Ber. S. 5510—5513.

Im Uebrigen s. Begr. z. GUVG. § 5, S. 48—49, wo als Fälle genannt sind: Diebstahl an Vorräthen des Betriebs, vorsätzliche Sachbeschädigung an Betriebseinrichtungen, vorsätzliche Körperverletzung gegen einen Mitarbeiter und Erleiden eines Unfalls in solcher Veranlassung. „Dabei wird in allen Fällen ein im ursächlichen Zusammenhange mit dem Unfall stehendes vorsätzliches Handeln des Verletzten selbst zu erfordern sein, welches ihn einer strafrechtlichen Ahndung aussetzt."

§. 9.[1])

Im Falle der Verletzung werden für die Zeit nach Beendigung der gesetzlichen Fürsorgepflicht des Rheders oder, soweit eine solche nicht besteht, vom Beginne der vierzehnten Woche nach Eintritt des Unfalls ab als Schadensersatz gewährt:[2])

1. freie ärztliche Behandlung, Arznei und sonstige Heilmittel sowie die zur Sicherung des Erfolges des Heilverfahrens und zur Erleichterung der Folgen der Verletzung erforderlichen Hülfsmittel (Krücken, Stützapparate und dergleichen);[3])
2. eine Rente für die Dauer der Erwerbsunfähigkeit.

   Die Rente beträgt:[4])

   a) im Falle völliger Erwerbsunfähigkeit

für die Dauer derselben sechsundsechzigzweidrittel Prozent des Jahresarbeitsverdienstes (Vollrente);

b) im Falle theilweiser Erwerbsunfähigkeit für die Dauer derselben denjenigen Theil der Vollrente, welcher dem Maße der durch den Unfall herbeigeführten Einbuße an Erwerbsfähigkeit entspricht (Theilrente).

Ist der Verletzte in Folge des Unfalls nicht nur völlig erwerbsunfähig, sondern auch derart hülflos geworden, daß er ohne fremde Wartung und Pflege nicht bestehen kann, so ist für die Dauer dieser Hülflosigkeit die Rente bis zu hundert Prozent des Jahresarbeitsverdienstes zu erhöhen.[5])

War der Verletzte zur Zeit des Unfalls bereits dauernd völlig erwerbsunfähig, so beschränkt sich der zu leistende Schadensersatz auf die im Abs. 1 Ziffer 1 bezeichneten Leistungen.[6])

Wird ein solcher Verletzter in Folge des Unfalls derart hülflos, daß er ohne fremde Wartung und Pflege nicht bestehen kann, so ist eine Rente bis zur Hälfte der Vollrente zu gewähren.

Solange der Verletzte aus Anlaß des Unfalls thatsächlich und unverschuldet arbeitslos ist, kann der Genossenschaftsvorstand die Theilrente bis zum Betrage der Vollrente vorübergehend erhöhen.[7])

§ 9.

¹) Der § 9 entspricht in seinen Abs. 1—3 i. A. dem früheren § 9 Abs. 1, 2, 3, 4 Satz 2. Der neue § 9 ist, abgesehen von den Worten des Abs. 1 „für die Zeit nach Beendigung der gesetzlichen Fürsorgepflicht des Rheders oder, soweit eine solche nicht besteht," identisch mit GUVG. § 9.

²) **Absatz 1.** Nach dem System der Arbeiterversicherungsgesetze des Deutschen Reiches endet die Krankenunterstützung mit dem Ablauf der dreizehnten Woche nach Beginn der Krankheit (§ 6 KrVG.) und tritt mit dem Beginn der vierzehnten Woche die Fürsorge der Berufsgenossenschaften ein. Dieser Grundsatz gilt prinzipiell auch für das SUVG.

Nun unterliegt aber nach KrVG. § 1 Abs. 3 dessen Versicherungspflicht nicht die Besatzung von Seeschiffen, auf welche die Vorschriften der §§ 48 u. 49 SO. Anwendung leiden. Darnach hat, falls Schiffsmänner (also nicht der Schiffer!) nach Antritt des Dienstes erkranken oder verwundet werden, der Rheder die Kosten der Verpflegung und Heilung zu tragen und zwar nach näherer Maßgabe von § 48 SO. für die Dauer von 3 resp. 6 Monaten. Eine ähnliche Pflicht liegt dem Rheder nach HGB. § 553 (Art. 523) gegenüber dem Schiffer ob. An dieser gesetzlichen Fürsorgepflicht des Rheders für die Schiffsbesatzung hat das SUVG. nichts geändert (vgl. a. Begr. S. 45/46, 57). Der Vorschlag des Entwurfs, dem Rheder hierfür einen Lohnabzug zu gestatten (Entw. § 10), wurde von der a. RK. S. 17 abgelehnt. — Hört die gesetzliche Fürsorgepflicht des Rheders vor Beginn der vierzehnten Woche auf, weil der Schiffsmann geheilt ist, so tritt, falls er noch erwerbsunfähig ist, die Fürsorgepflicht der Berufsgenossenschaft schon jetzt ein (RVA. A. N. 1890 S. 169, cit. Handbuch z. § 9), denn der Fall „soweit eine solche nicht besteht," ist hier nicht gegeben;

sie bestand, und die ‚Zeit nach ihrer Beendigung' ist eingetreten.

Soweit endlich weder diese Sondervorschriften des Seerechts noch das KrVG. für die ersten dreizehn Wochen Platz greifen, hilft die Vorschrift des § 14 Abs. 2 aus.

[3]) **Absatz 1 Ziffer 1: ärztliche Behandlung ꝛc.** Die frühere Wendung „Kosten des Heilverfahrens" ist jetzt spezialisirt im ausdehnenden Sinne (s. n. Begr. S. 49).

[4]) **Absatz 1 Ziffer 2: Rente.** Für die Erwerbsunfähigkeit (nicht etwa Erwerbslosigkeit, vgl. Abs. 5) wird gewährt entweder:

a) Vollrente bei völliger Erwerbsunfähigkeit, aber nicht = 100% (vgl. n. RK. S. 11), sondern nur = $^2/_3$ des Jahresarbeitsverdienstes i. S. der §§ 10ff. — oder

b) Theilrente bei theilweiser Erwerbsunfähigkeit. Während es früher hieß, daß die Theilrente nach dem Maße der verbliebenen Erwerbsfähigkeit zu bemessen sei, soll jetzt das Maß der durch den Unfall herbeigeführten Einbuße an Erwerbsfähigkeit entscheiden. Das ist in Anlehnung an die Rechtsprechung des RVA. (A. N. 1898 S. 170 Nr. 1693) gesagt, um den Zweifel auszuschließen, daß eine vor Eintritt des Unfalls bereits vorhandene theilweise Erwerbsunfähigkeit neben den Folgen des Unfalls mit zu entschädigen wäre (n. Begr. S. 49/50). Hat z. B. ein Unfall die vorher vorhandene Erwerbsfähigkeit um 30% gemindert, so sind 30% derjenigen Vollrente zuzusprechen, welche im Falle des Eintritts der vollständigen Erwerbsunfähigkeit zuzusprechen gewesen wäre, wobei für die Berechnung der Vollrente aber § 13 zu beachten ist.

[5]) **Absatz 2** sieht eine Erhöhung der Vollrente auf 100% des Arbeitsverdienstes vor, ein Zusatz der RK. (s. Drucksache Nr. 703 a S. 4458).

[6]) **Absatz 3** ist eine Konsequenz des Satzes, daß eine vor dem Unfall schon vorhandene Erwerbsunfähigkeit nicht mitzuentschädigen ist (vgl. N. 4. b; n. Begr. S. 51). Die RK. (s. Drucksache Nr. 703 a, S. 4459) hat „dauernd" eingeschoben.

[7]) **Absatz 5** begründet kein Recht des Versicherten (vgl. n. RK. S. 11/12), sondern nur eine Befugniß der Genossenschaft. Es handelt sich nicht um objektive Mängel der Erwerbsfähigkeit, sondern um subjektive Verhältnisse (s. n. Begr. S. 51/52). Vgl. § 17 Abs. 5. — Die RK. (s. Drucksache Nr. 703 a, S. 4460) hat „aus Anlaß" gesetzt für das „in Folge" des Entwurfes.

§. 10.[1])

Als Jahresarbeitsverdienst der zur Schiffsbesatzung gehörenden Personen gilt im Sinne dieses Gesetzes das Elffache desjenigen vom Reichskanzler festzusetzenden Durchschnittsbetrags, welcher bei der Anmusterung oder Anwerbung durchschnittlich für den Monat an Lohn (Heuer) oder Gehalt gewährt wird, unter Hinzurechnung von zwei Fünfteln des für Vollmatrosen geltenden Durchschnittssatzes als Geldwerth der auf Seefahrzeugen gewährten Beköstigung. Für diejenigen Klassen der Schiffsbesatzung, welche neben dem Lohne oder Gehalte regelmäßige Nebeneinnahmen zu beziehen pflegen, ist bei Festsetzung des Durchschnittsbetrags auch der durchschnittliche Geldwerth dieser Nebeneinnahmen in Ansatz gebracht.

Der Durchschnittsbetrag wird von dem Reichskanzler nach Anhörung der Landes-Zentralbehörden einheitlich für die ganze deutsche Küste festgesetzt. Der Festsetzung sind die an Vollmatrosen auf deutschen Fahrzeugen während der letztvorangegangenen drei Kalenderjahre, in welchen eine Mobilmachung deutscher Streitkräfte nicht stattgefunden hat, gewährten Lohnsätze zu Grunde zu legen. Mindestens alle fünf Jahre erfolgt eine Revision der Festsetzung.

Die Festsetzung findet für Vollmatrosen, Steuerleute, Maschinisten, sonstige Schiffsoffiziere sowie für Schiffer besonders statt, auch können weitere Abstufungen, sei es nach der Gattung der Schiffe, sei es nach Klassen der zur Schiffsbesatzung gehörenden Personen, gemacht werden.

Bei zur Schiffsbesatzung gehörenden Personen, für welche ein besonderer Durchschnittsbetrag nicht festgesetzt ist, kommen drei Viertel des für Vollmatrosen festgesetzten Durchschnittsbetrags in Anrechnung.[2])

Auf die in Schlepper- und Leichterbetrieben beschäftigten Personen finden diese Vorschriften keine Anwendung.[3])

§ 10.

[1]) Der § 10 entspricht dem früheren § 6. Neuerungen sind und zwar der RK. (s. dort. S. 5ff.):

a) das Elffache im Satz 1 statt des Neunfachen (vgl. a. Begr. S. 56: das Zehnfache; n. KB. S. 7—8; Sten. Ber. S. 5516);

b) im Abs. 1 Satz 2 „ist bei Festsetzung des Durchschnittsbetrags“ statt früher „bei Berechnung des Jahresarbeitsverdienstes“;

c) der Absatz 5.

[2]) **Durchschnittslohn.** Mit Rücksicht darauf, daß die Heuern in den einzelnen Hafenplätzen sehr verschieden sind (s. a. Begr. S. 54) und daß Schiffsmänner sich bald hier, bald dort anmustern lassen, ist für die Berechnung des Jahresarbeitsverdienstes der Mitglieder der Schiffsbesatzung (§ 1 Nr. 1, s. jedoch unten Note 3) abgesehen worden von der Zugrundelegung von Individuallöhnen (wie im GUVG. § 10 Abs. 1), sondern vielmehr das System eines allgemeinen Durchschnittssatzes unter Berücksichtigung der normalen Verhältnisse zu Grunde gelegt und trotz Opposition (s. n. RK. S. 6—7) beibehalten worden.

Wie im Einzelnen gerechnet werden soll, ist im § 10 Abs. 1—4 detaillirt angegeben. Maßgeblich ist aber schließlich doch nur die Festsetzung des Reichskanzlers. Dessen erste bezügliche Bekanntmachung datirt vom 22. Dezember 1887. Dieselbe ist zuerst geändert durch die Bekanntmachung vom 22. August 1899 (A. N. 1899 S. 600—601), welche nachstehend abgedruckt ist. Vorweg ist noch zu bemerken, daß eine individuelle Berücksichtigung von Nebeneinnahmen nicht stattfindet (RVA. in A. N. 1898 S. 556, Nr. 1734). Vielmehr sollen nur regelmäßige Nebeneinnahmen gewisser Klassen schon bei Festsetzung des Durchschnittsbetrages (redaktionelle Aenderung, s. n. RK. S. 9) mit ihrem Durchschnitt hinzugeschlagen werden.

Die angeführte Bekanntmachung des Reichskanzlers vom 22. August 1899 lautet unter Hinzufügung in Klammern der durch das neue SUVG. begründeten Aenderungen:

„Auf Grund des § 6 des Gesetzes, betreffend die Unfallversicherung der Seeleute und anderer bei der Seeschiffahrt betheiligter Personen vom 13. Juli 1887 (RGBl. S. 329) [jetzt § 10 SUVG.] wird der Durchschnittsbetrag des monatlichen Lohnes (Heuer) oder Gehalts, welcher bei der Bemessung des Jahresarbeitsverdienstes der zur Besatzung deutscher Seefahrzeuge gehörenden Personen [jetzt abgesehen von den im § 10 Abs. 5 SUVG. genannten!] zu Grunde zu legen ist, für die nachstehend bezeichneten Klassen von Seeleuten nach Anhörung der betheiligten Landes-Centralbehörden festgesetzt, wie folgt:

Klasse	Unterklasse	Bezeichnung der zur Schiffsbesatzung gehörigen Personen	Festgesetzter Durchschnittsbetrag des Monatslohns
			Mark*
I		Schiffer	
	a	auf Dampf- und eisernen Segelschiffen in großer Fahrt . . .	335
	b	auf hölzernen Segelschiffen in großer Fahrt, sowie auf größeren Küsten- [„und Schlepp-", jetzt beseitigt durch § 10 Abs. 5] Dampfern .	180
	c	auf kleineren Küstendampfern [„kleinen Schleppern," jetzt beseitigt durch § 10 Abs. 5] und Segelschiffen in kleiner Fahrt . . .	135

* Diese Sätze beliefen sich vorher nur auf Mark: 300, 160, 120, 80; 160, 120, 90, 70; 300, 160, 100, 80; 65; 50; 45; 40; 30; 15.

Klasse	Unterklasse	Bezeichnung der zur Schiffsbesatzung gehörigen Personen	Festgesetzter Durchschnittsbetrag des Monatslohns
			Mark
I	d	auf Wattenschiffen, Torfschiffen, Marktschiffen und Seekähnen . .	90
II		Schiffsoffiziere und Steuerleute	
	a	Erste Offiziere auf transatlantischen Passagierdampfern	180
	b	Zweite Offiziere auf transatlantischen Passagierdampfern, erste Offiziere auf Passagierdampfern in europäischer Fahrt und auf großen Frachtdampfern, sowie Aerzte, Verwalter, Zahlmeister und andere Offiziere in ähnlicher Stellung .	135
	c	Dritte Offiziere auf transatlantischen Passagierdampfern, zweite Offiziere auf Passagierdampfern in europäischer Fahrt und auf großen Frachtdampfern, erste Offiziere auf kleinen Frachtdampfern und auf Segelschiffen, Ober-Steuerleute, sowie Einzel-Steuerleute auf Dampfschiffen, ferner Köche erster Ordnung (Ober-Köche) und Aufwärter erster Ordnung (Ober-Stewards)	100

Klasse	Unterklasse	Bezeichnung der zur Schiffsbesatzung gehörigen Personen	Festgesetzter Durchschnittsbetrag des Monatslohns
			Mark
II	d	Vierte Offiziere auf transatlantischen Passagierdampfern, dritte Offiziere auf Passagierdampfern in europäischer Fahrt und auf großen Frachtdampfern, zweite Offiziere auf kleinen Frachtdampfern und auf Segelschiffen, Unter-Steuerleute, sowie Einzel-Steuerleute auf Segelschiffen	80
III		Maschinisten*	
	a	In Stellen, für welche ein Maschinist mit Patent I. Klasse erforderlich ist**	335
	b	In Stellen, für welche ein Maschinist mit Patent II. Klasse erforderlich ist	180

* Vgl. die Bekanntmachung des Bundesraths vom 26. Juli 1891, betr. die Vorschriften über den Befähigungsnachweis und die Prüfung der Maschinisten auf Seedampfschiffen der deutschen Handelsflotte.

** Entscheidend ist, welches Patent erforderlich ist (s. § 2 der in der vorhergehenden Note * cit. Bek.), nicht, welches Patent der Maschinist besitzt! (RVA. in A. N. 1897 S. 582 Nr. 1687, 1900 S. 630 Nr. 1801).

Klasse	Unterklasse	Bezeichnung der zur Schiffsbesatzung gehörigen Personen	Festgesetzter Durchschnittsbetrag des Monatslohns
			Mark
III	c	In Stellen, für welche ein Maschinist mit Patent III. Klasse erforderlich ist	110
	d	In sonstigen Stellen	90
IV		Bootsleute, Zimmerleute, Zahlmeistergehülfen, Maschinenassistenten, Bestmänner, Köche und Aufwärter (Stewards) mittlerer Ordnung und andere Seeleute in der Stellung von Unteroffizieren	70
V		Heizer, Donkeymen, Arztgehülfen sowie Quartermaster	55
VI		Vollmatrosen, Segelmacher, Schmiede, Klempner, Schlächter, Bäcker, Konditoren, Barbiere und andere Handwerker	50
VII		Kohlenzieher und Trimmer . . .	45
VIII		Leichtmatrosen, Halbmänner, Jungmänner, sowie Köche und Aufwärter niederer Ordnung, Kochsmaaten, Aufwärterinnen und ähnliche untere Bedienstete	34
IX		Schiffsjungen	17

Diese Festsetzung gilt einheitlich für die ganze deutsche Küste. Den aus dieser Zusammenstellung sich ergebenden Beträgen treten je zwei Fünftel des für Vollmatrosen festgesetzten Durchschnittsbetrages (also je 18 M. [jetzt 20 M.]) als Geldwerth der auf Seefahrzeugen gewährten Beköstigung hinzu. Das Neunfache [jetzt: Elffache] der sich hieraus ergebenden Beträge gilt im Sinne des Gesetzes vom 13. Juli 1887 [jetzt des SUVG.] als Jahresarbeitsverdienst der zu der betreffenden Kategorie von Seeleuten gehörigen Personen und wird als solcher der Bemessung der Unfallrente zu Grunde gelegt."

[3]) **Absatz 5** nimmt diese Personen ausnahmsweise hier aus der Schiffsbesatzung heraus (s. n. RK. S. 7; Sten. Ber. S. 5516), um für sie Individuallöhne zu Grunde legen zu können, und unterstellt sie damit dem § 11 (vgl. § 49, § 103 Abs. 2, b, § 104).

§. 11.

Als Jahresarbeitsverdienst der übrigen auf Grund des §. 1 versicherten Personen gilt, soweit sich derselbe nicht aus mindestens wochenweise fixirten Beträgen zusammensetzt, das Dreihundertfache des durchschnittlichen täglichen Arbeitsverdienstes. Für versicherte Personen in Betrieben, in welchen die übliche Betriebsweise eine höhere oder niedrigere Zahl von Arbeitstagen ergiebt, wird diese Zahl statt der Zahl Dreihundert der Berechnung des Jahresarbeitsverdienstes zu Grunde gelegt.

War der Verletzte in dem Betriebe vor dem Unfalle nicht ein volles Jahr beschäftigt, so ist die

Rente nach demjenigen Arbeitsverdienste zu berechnen, welchen während dieses Zeitraums versicherte Personen derselben Art in demselben Betrieb oder in benachbarten gleichartigen Betrieben bezogen haben. Ist dies nicht möglich, so ist der dreihundertfache Betrag desjenigen Arbeitslohns zu Grunde zu legen, welchen der Verletzte während des letzten Jahres vor dem Unfall an denjenigen Tagen, an welchen er beschäftigt war, im Durchschnitte bezogen hat.[1])

Ueber die Ermittelung des Jahresarbeitsverdienstes der nach §. 5 versicherten Personen hat das Statut (§. 37) Bestimmung zu treffen.[2])

§ 11.

[1]) **Absatz 1 u. 2** befassen sich mit der Feststellung des Jahresarbeitsverdienstes der auf Grund des § 1 versicherten Personen mit Ausnahme der zur Schiffsbesatzung gehörenden (s. § 10), aber mit Einschluß der in Schlepper- und Leichterbetrieben beschäftigten Personen (s. § 10 Abs. 5).

Während der frühere § 7 Abs. 1 Satz 1 u. 2 auch für diese Personen einen Durchschnittsverdienst zu Grunde legte (a. Begr. S. 57), hat die n. RK. nach dem Vorgange des UVG. § 5 Abs. 3 den Individuallohn zu Grunde gelegt und die Absätze 1 u. 2 — abgesehen von dem Eingang — genau so gefaßt, wie GUVG. § 10 Abs. 2 u. 3, worauf i. A. verwiesen wird. (Vgl. Drucksache Nr. 703a S. 4461; n. RK. S. 6—7). Die Wendung „Arbeitslohn" statt „Tagesarbeitsverdienst" beruht auf einem Beschluß des RT. bei der dritten Berathung (Antrag Roesicke, s. Sten. Berichte S. 5807).

²) **Absatz 3** entspricht dem früheren § 7 Abs. 2.

§. 12.

Uebersteigt der nach §§. 10, 11 zu Grunde zu legende Jahresarbeitsverdienst den Betrag von fünfzehnhundert Mark, so ist der überschießende Betrag nur mit einem Drittel anzurechnen.¹)

Erreicht der nach §. 11 Abs. 1, 2 berechnete Jahresarbeitsverdienst nicht den dreihundertfachen Betrag desjenigen Lohnes, welcher von der höheren Verwaltungsbehörde nach §. 8 des Krankenversicherungsgesetzes für den Ort der Beschäftigung als ortsüblicher Tagelohn gewöhnlicher Tagearbeiter festgesetzt ist, so gilt als Jahresarbeitsverdienst der letztere.²)

Ist die Rente nach einem geringeren Durchschnittsbetrage bemessen, so ist dieselbe bei Seeleuten vom vollendeten siebzehnten Lebensjahre nach dem für Leichtmatrosen, und vom vollendeten neunzehnten Lebensjahre nach dem für Vollmatrosen festgesetzten Durchschnittsbetrage der Lohnsätze, bei den im §. 11 bezeichneten Personen aber vom vollendeten sechzehnten Lebensjahr auf den nach dem ortsüblichen Tagelohn Erwachsener festgesetzten Betrag zu erhöhen.³)

§ 12.

[1]) **Absatz 1** ist eine Neuerung der RK. (s. Drucksache Nr. 703a S. 4461; n. RK. S. 6ff.), welche dem GUVG. § 10 Abs. 1 letzter Theil entspricht. — Ein Antrag, hier das Citat des § 10 zu streichen, wurde von der n. RK. S. 25—26 abgelehnt.

[2]) **Absatz 2** entspricht inhaltlich dem früheren § 7 Abs. 1 Satz 3. Ebenso GUVG. § 10 Abs. 4. — Der Abs. 2 bezieht sich nur auf § 11 Abs. 1 u. 2, nicht auch, wie der Abs. 1, auf § 10 u. § 11 Abs. 3!

[3]) **Absatz 3** ist ein Zusatz der neuen Reichstagsvorlage, wozu es in der Begr. S. 144 zu § 9 Abs. 4 heißt: „Bei Renten für Seeleute kann hier nicht der ortsübliche Tagelohn gewöhnlicher Tagearbeiter, sondern nur der nach der Heuer bemessene Durchschnittsbetrag maßgebend sein. War die Rente nach Sätzen bemessen, welche sich niedriger stellen, als die Sätze für Leicht- bezw. Vollmatrosen, so ist die spätere Erhöhung der Rente auf die diesen letzteren Sätzen entsprechenden Beträge in gleicher Weise Forderung der Billigkeit, wie in festländischen Betrieben die Erhöhung niedrigerer Renten nach Maßgabe des ortsüblichen Tagelohns gewöhnlicher erwachsener Tagearbeiter". An dem Entwurfe ist nur soviel geändert, daß das 17. resp. 19. Lebensjahr zu Grunde gelegt ist an Stelle des 18. resp. 20. (Sten. Berichte S. 5517, Antrag Albrecht u. Gen., gegen n. RK. S. 9).

§. 13.

In den Fällen der §§. 10, 12 Abs. 2, 3 ist bei Berechnung der Rente für Personen, welche vor dem Unfalle bereits theilweise erwerbsunfähig waren, derjenige Theil des Durchschnittsbetrags zu Grunde zu legen, welcher dem Maße der bisherigen Erwerbsfähigkeit entspricht.[1])

§ 13.

[1]) § 13 ist ein Zusatz des neuen Entwurfs (dort § 6 Abs. 5), welcher dem GUVG. § 10 Abs. 5 entspricht (vgl. n. Begr. S. 50 Abs. 2, auch Nr. 4, 6 zu § 9 ob.).

§. 14.[1])

Den unter §. 1 fallenden Personen, welche nach den Bestimmungen des Krankenversicherungsgesetzes gegen Krankheit versichert sind, ist im Falle eines Betriebsunfalls vom Beginne der fünften bis zum Ablaufe der dreizehnten Woche nach dem Eintritte des Unfalls ein Krankengeld von mindestens zwei Dritteln des bei der Berechnung zu Grunde gelegten Arbeitslohns zu gewähren. Die Differenz zwischen diesen zwei Dritteln und dem gesetzlich oder statutengemäß zu gewährenden niedrigeren Krankengeld ist der betheiligten Krankenkasse (Gemeindekrankenversicherung) von dem Unternehmer desjenigen Betriebs zu ersetzen, in welchem der Unfall sich ereignet hat. Die zur Ausführung dieser Bestimmung erforderlichen Vorschriften erläßt das Reichs-Versicherungsamt.[2])

Den nach §. 1 versicherten Personen, welchen in Krankheitsfällen ein gesetzlicher Anspruch auf mindestens dreizehnwöchentliche Krankenfürsorge weder gegen Rheder noch gegen Krankenkassen zusteht, hat, sofern sie nicht mehr als zweitausend Mark Jahresarbeitsverdienst haben, in Fällen ihrer durch einen Betriebsunfall herbeigeführten Verletzung der Betriebsunternehmer während der ersten dreizehn Wochen nach Eintritt des Unfalls aus eigenen Mitteln Fürsorge zu gewähren. Das Maß dieser Fürsorge richtet sich bei Seeleuten nach den Bestimmungen des §. 553 des Handelsgesetzbuchs und der §§. 48 ff. der Seemannsordnung, bei den sonstigen nach §. 1 versicherten Personen nach den Bestimmungen der §§. 6, 7 des Krankenversicherungsgesetzes und den Bestimmungen des vorstehenden Absatzes über den bei Unfällen zu gewährenden Mehrbetrag des Krankengeldes. Die Berufsgenossenschaft kann die dem Unternehmer obliegenden Leistungen ganz oder theilweise statt desselben übernehmen. Der Unternehmer hat in diesem Falle der Berufsgenossenschaft Ersatz zu leisten. Dabei gilt als Ersatz der im §. 9 Abs. 1 Ziffer 1 bezeichneten Leistungen bei den Seeleuten die Hälfte desjenigen Betrags, der für die Unterbringung des Verletzten in einem Krankenhaus am Sitze der zuständigen Sektion aufzuwenden gewesen wäre, bei den sonstigen Personen die Hälfte desjenigen Krankengeldes, welches dem Verletzten nach §. 6 Abs. 1 Ziffer 2

des Krankenversicherungsgesetzes zustehen würde, wenn er nach dessen Bestimmungen versichert wäre.[3])

§ 14.[1])

[1]) Der § 14 Abs. 1 u. 2 Satz 1 u. 2 giebt den § 10 des alten Gesetzes fast wörtlich wieder, nur daß in Abs. 2 Satz 1 von der n. RK. S. 12 (vgl. Drucksache Nr. 703a S. 4463) eingeschaltet sind „mindestens dreizehnwöchentliche" und „sofern sie nicht mehr als zweitausend Mark Jahresarbeitsverdienst haben." Durch die neue Vorlage sind Satz 3—5 des Abs. 2 hinzugefügt.

[2]) **Absatz 1,** unter welchen insbesondere die Seeleute (§ 1 Nr. 1) nicht fallen (s. Nr. 2 zu § 9), entspricht dem GUVG. § 12 Abs. 1. Vgl. dazu KrVG. §§ 76b bis 76e.

In Ausführung des inhaltlich unverändert gebliebenen Absatzes 1 hat das RVA. durch Bek. v. 21. Dezember 1887 (A. N. 1888 S. 14) bestimmt, daß die in der zur Ausführung des § 5 Abs. 9 UVG. erlassenen Bek. vom 30. Septbr. 1885 (A. N. 1885 S. 283, auch im Handbuch S. 865ff.) enthaltenen Vorschriften für die SUV. entsprechende Anwendung finden sollen.

[3]) **Absatz 2** entspricht im Wesentlichen dem GUVG. § 12 Abs. 2. Nach dem Vorgange des UVG. § 5 Abs. 9 ist hierdurch Fürsorge getroffen, daß bei Betriebsunfällen der Verletzte unter allen Umständen bis zum Eintritt der Berufsgenossenschaft (§ 9 Abs. 1) versorgt wird. Als solche Personen kamen für das SUVG. einmal in Betracht die nicht unter das KrVG. fallenden Personen (abgesehen von den Seeleuten, s. N. 2 zu § 9) und zweitens solche Seeleute, für welche die durch § 48 SO. begründete Fürsorgepflicht des Rheders auf Grund SO. § 109 landesrechtlich ausgeschlossen sein sollte (vgl. a. Begr. S. 57). Die hierdurch erwachsenden besonderen

Lasten sind, wie i. F. des Abs. 1, dem Unternehmer allein auferlegt. — Vgl. N. 1 u. 2 zu § 16.

Durch Abs. 2 Satz 5 erster Theil ist als Ersatz der im § 9 Abs. 1 Nr. 1 bezeichneten Leistungen bei Seeleuten ein fester Satz vorgeschlagen und zwar, um die Erstattungspflicht der Rheder in mäßigen Grenzen zu halten (n. Begr. S. 144 zu § 10), die Hälfte desjenigen Betrages, der für die Unterbringung des Verletzten in einem Krankenhaus am Sitze der zuständigen Sektion aufzuwenden wäre. Für die andern Personen gilt die Regel des GUVG. § 12.

§. 15.

Wenn der aus der Krankenversicherung oder aus der Bestimmung des §. 14 Abs. 2 erwachsende Anspruch auf Krankengeld vor dem Ablaufe von dreizehn Wochen nach Eintritt des Unfalls weggefallen, aber bei dem Verletzten eine noch über die dreizehnte Woche hinaus andauernde Beschränkung der Erwerbsfähigkeit zurückgeblieben ist, so hat die Berufsgenossenschaft dem Verletzten die Unfallrente (§ 9 Abs. 2 lit. b) schon von dem Tage ab zu gewähren, an welchem der Anspruch auf Krankengeld in Wegfall kommt. Erachtet die Berufsgenossenschaft die Voraussetzungen des Anspruchs schon vor dem Ablaufe der dreizehnten Woche nach dem Unfalle für gegeben, so hat sie die Rente zu diesem früheren Zeitpunkte festzustellen.

Durch Statut kann bestimmt werden, daß die Rente nach dem Wegfalle des Anspruchs auf Krankengeld auch dann zu gewähren ist, wenn nach jenem Zeitpunkte zwar noch eine Beschränkung der Erwerbsfähigkeit in Folge des Unfalls verblieben ist, aber voraussichtlich schon vor Ablauf der dreizehnten Woche nach dem Unfalle fortfallen wird.

Hat die Krankenkasse die ihr aus der Krankenversicherung, oder hat der Betriebsunternehmer die ihm aus §. 14 Abs. 2 obliegenden Leistungen vor dem Ablaufe der dreizehnten Woche zu Unrecht eingestellt, so geht der Anspruch des Verletzten auf Krankengeld auf die Berufsgenossenschaft bis zu demjenigen Betrag über, welcher der gemäß Abs. 1, 2 gewährten Entschädigung gleichkommt.[1])

§ 15.

[1]) Der § 15 ist neu; er entspricht dem GUVG. § 13. Die Vorschrift ist gegeben, um eine etwaige Lücke zwischen dem Ende der Krankenfürsorge und dem Beginn der Unfallfürsorge (vgl. n. Begr. S. 56 zu GUVG. § 5e) auszufüllen. „Für die bei Seeleuten die Regel bildende gesetzliche" (s. aber N. 2 zu § 14) „Fürsorgepflicht bedarf es einer solchen Ergänzung nicht, vgl. §§ 48, 49 SO." (n. Begr. S. 144 zu § 10a). —

Der Entwurf der RT.Vorlage ist durch die RK. z. GUVG. vielfach geändert (siehe Drucksache Nr. 703a S. 4463ff.), worüber der Bericht der RK. z. SUVG. schweigt.

§. 16.

Die Berufsgenossenschaft ist befugt, gegen Ersatz der Kosten demjenigen Betriebsunternehmer, welchem die Fürsorge für die ersten Wochen nach dem Unfall obliegt oder obgelegen hat, oder derjenigen Krankenkasse, welcher der Verletzte angehört oder zuletzt angehört hat, die Fürsorge für den Verletzten bis zur Beendigung des Heilverfahrens in demjenigen Umfange zu übertragen, welchen die Berufsgenossenschaft für geboten erachtet. Zu ersetzen ist bei Gewährung der im §. 9 Abs. 1 Ziffer 1 bezeichneten Leistungen für die Dauer eines Jahres der vierte Theil des Jahresarbeitsverdienstes (§§. 10 bis 12), bei Unterbringung des Verletzten in ein Krankenhaus oder in eine Anstalt für Genesende drei Viertel dieses Jahresarbeitsverdienstes, sofern nicht höhere Aufwendungen nachgewiesen werden.[1])

Haben Krankenkassen oder Verbände von Krankenkassen Heilanstalten errichtet, in welchen ausreichende Einrichtungen für die Heilung der durch Unfall herbeigeführten Verletzungen getroffen sind, so kann die Landes-Zentralbehörde anordnen, daß die Mitglieder der betreffenden Kassen bis zum Beginne der vierzehnten Woche nach Eintritt des Unfalls nur mit Genehmigung der Vorstände dieser Kassen in andere Heilanstalten untergebracht werden dürfen.[2])

Verletzte Personen, welche auf Veranlassung von Krankenkassen, Verbänden von Krankenkassen oder von Organen der Berufsgenossenschaft in eine Heilanstalt untergebracht sind, dürfen während des Heilverfahrens in andere Heilanstalten nur mit ihrer Zustimmung übergeführt werden. Diese Zustimmung kann durch die untere Verwaltungsbehörde des Aufenthaltsorts oder, soweit es sich um Seeleute in ausländischen Krankenhäusern handelt, durch dasjenige Seemannsamt ergänzt werden, in dessen Bezirke das Krankenhaus belegen ist.[3])

Als Krankenkassen im Sinne dieses Paragraphen sowie der §§. 76b bis 76d des Krankenversicherungsgesetzes gelten außer der Gemeinde-Krankenversicherung auch diejenigen Hülfskassen, welche die im §. 75a a. a. O. vorgesehene amtliche Bescheinigung besitzen.[4])

§ 16.

[1]) Der frühere § 11 ist in dem jetzigen § 16 weiter ausgestaltet in enger Anlehnung an das Invalidenversicherungsgesetz § 19 und GUVG. § 11.

Wie die Berufsgenossenschaft berechtigt ist, während der ersten dreizehn Wochen die Fürsorge für einen durch Betriebsunfall Verletzten selbst zu übernehmen an Stelle der Krankenkasse (KrVG. § 76c) oder des Unternehmers

(§ 14 Abs. 2 SUVG.), so ist sie andererseits nach **Absatz 1** berechtigt, die Fürsorge für die Zeit nach den ersten dreizehn Wochen der Krankenkasse resp. dem Unternehmer zu übertragen, wobei sie den Umfang des Heilverfahrens zu bestimmen hat (n. Begr. S. 145 zu § 11 GUVG.)

[2]) **Absatz 2** schränkt das Recht der Berufsgenossenschaft für die ersten 13 Wochen, die Fürsorge selbst zu übernehmen (s. N. 1), den Kassen gegenüber ein, damit deren Institute nicht geschädigt werden (vgl. n. Begr. S. 54—55). „Besonders zu erwähnen ist, daß die Einschränkung der Befugniß der Berufsgenossenschaft zum Eingreifen in das Heilverfahren sich nur auf die in Heilanstalten untergebrachten Verletzten, dagegen nicht auf die sog. ambulante Behandlung erstreckt“ (n. Begr. S. 55).

[3]) **Absatz 3** tritt im Interesse des Verletzten dem Umhersenden von Heilanstalt zu Heilanstalt entgegen. Das gilt sowohl für die ersten 13 Wochen wie für die spätere Zeit (n. Begr. S. 55).

Die Zustimmung des Verletzten kann bei unverständiger Weigerung durch die bezeichneten Stellen ergänzt werden (n. Begr. S. 55; Drucksache Nr. 703a S. 4463). Das Seemannsamt ist durch n. RK. S. 13 hinzugefügt.

[4]) **Absatz 4.** Vgl. Invalidenversicherungsgesetz § 20.

§. 17.[1])

An Stelle der in den §§. 9, 14 vorgeschriebenen Leistungen kann von der Berufsgenossenschaft freie Kur und Verpflegung in einer Heilanstalt gewährt werden, und zwar:

1. für Verletzte, welche verheirathet sind oder eine eigene Haushaltung haben oder Mitglieder der Haushaltung ihrer Familie sind,

mit ihrer Zustimmung. Der Zustimmung bedarf es nicht, wenn die Art der Verletzung Anforderungen an die Behandlung oder Verpflegung stellt, denen in der Familie nicht genügt werden kann, oder wenn der für den Aufenthaltsort des Verletzten amtlich bestellte Arzt bezeugt, daß Zustand oder Verhalten des Verletzten eine fortgesetzte Beobachtung erfordert;

2. für sonstige Verletzte in allen Fällen.[2])

Mit Zustimmung des Verletzten kann an Stelle der freien Kur und Verpflegung in einer Heilanstalt freie Kur und Verpflegung an Bord eines Fahrzeugs gewährt werden.[3])

Hat die Berufsgenossenschaft von der ihr nach Abs. 1, 2 zustehenden Befugniß in den Fällen des §. 14 Abs. 2 Gebrauch gemacht, so hat der Betriebsunternehmer als Ersatz für die freie Kur und Verpflegung der Berufsgenossenschaft denjenigen Betrag zu vergüten, der für die Unterbringung des Verletzten in einem Krankenhaus am Sitze der zuständigen Sektion aufzuwenden wäre.[4]) Auf Streitigkeiten, welche aus Anlaß dieser Bestimmung zwischen der Berufsgenossenschaft und dem Betriebsunternehmer entstehen, findet der §. 20 Abs. 3 Anwendung.

Für die Zeit der Verpflegung des Verletzten in der Heilanstalt oder an Bord eines Fahrzeugs steht seinen Angehörigen ein Anspruch auf Rente insoweit zu, als sie dieselbe im Falle seines Todes würden beanspruchen können (§§. 22ff.).[5])

Die Berufsgenossenschaft ist befugt, auf Grund statutarischer Bestimmung allgemein, ohne eine solche im Falle der Bedürftigkeit, dem in einer Heilanstalt untergebrachten Verletzten sowie seinen Angehörigen eine besondere Unterstützung zu gewähren.[6])

§ 17.

[1]) **Vorbemerkung zu den §§ 17—19.** „Nach dem Vorbilde der §§ 7 bis 7c des GUVG. [jetzt §§ 22 bis 24] sind hier die bisher im § 9 Abs. 4 bis 6 enthaltenen Bestimmungen über die Befugniß der Genossenschaft, den Verletzten in einer Heilanstalt zu verpflegen, zusammengestellt und weiter ausgestaltet" (n. Begr. S. 145). Die RK. hat an der Vorlage sachlich nichts geändert.

[2]) **Absatz 1 des § 17** entspricht dem GUVG. § 22 Abs. 1. Aehnlich lautet KrVG. § 7 Abs. 1, doch ist hier noch mehr Rücksicht auf den Verletzten genommen (vgl. n. Begr. S. 62/63), namentlich durch die Heranziehung eines amtlich bestellten Arztes.

„Durch die Bezugnahme auf" § 14 im § 17 Abs. 1 „ist zum Ausdrucke gebracht, daß die Befugniß der Berufsgenossenschaft, die Verpflegung des Verletzten in einer Heilanstalt anzuordnen, auch in solchen Fällen in Kraft tritt, in denen die Fürsorge während der ersten 13 Wochen nicht einer Krankenkasse, sondern dem Unternehmer obliegt" (n. Begr. S. 63 z. GUVG. § 7).

[3]) **Absatz 2** entspricht dem alten § 9 Abs. 5 (vgl. a. Begr. S. 58).

[4]) **Absatz 3.** Dieselbe Art der Vergütung s. in § 14 Abs. 2 Satz 5.

[5]) **Absatz 4** entspricht dem früheren § 9 Abs. 6. Ebenso GUVG. § 22 Abs. 3. Vgl. KrVG. § 7 Abs. 2, wo aber nicht ein direkter Anspruch der Angehörigen statuirt ist, wie hier.

[6]) **Absatz 5** giebt der Genossenschaft eine Befugniß, den Interessenten aber kein Recht, ähnlich wie nach § 9 Abs. 6.

§. 18.

Ist begründete Annahme vorhanden, daß der Empfänger einer Unfallrente bei Durchführung eines Heilverfahrens eine Erhöhung seiner Erwerbsfähigkeit erlangen werde, so kann die Berufsgenossenschaft zu diesem Zwecke jederzeit ein neues Heilverfahren eintreten lassen. Dabei finden die Bestimmungen der §§. 16, 17 Abs. 1, 4, 5 Anwendung.

Hat sich der Verletzte solchen Maßnahmen der Berufsgenossenschaft, den gemäß §. 9 Abs. 1 Ziffer 1, §. 14 Abs. 2, §§. 16, 17 oder gemäß den Bestimmungen der §§. 76 c, 76 d des Krankenversicherungsgesetzes getroffenen Anordnungen ohne gesetzlichen oder sonst triftigen Grund entzogen, so kann ihm der Schadensersatz auf Zeit ganz oder theilweise versagt werden, sofern er auf diese Folge hingewiesen worden ist, und nachgewiesen wird, daß durch sein Verhalten die Erwerbsfähigkeit ungünstig beeinflußt wird.[1])

§ 18.

[1]) Ebenso GUVG. § 23. Vorbildlich war § 47 Abs. 2 des Invalidenversicherungsgesetzes, doch sind die Folgen eines Zuwiderhandelns des Versicherten hier gemildert (v. Begr. S. 64 zu GUVG. § 7a).

§. 19.

Der Vorstand der Berufsgenossenschaft kann einem Rentenempfänger auf seinen Antrag an Stelle der Rente Aufnahme in ein Invalidenhaus oder in ähnliche von Dritten unterhaltene Anstalten auf Kosten der Berufsgenossenschaft gewähren. Der Aufgenommene ist auf ein Vierteljahr und, wenn er die Erklärung nicht einen Monat vor Ablauf dieses Zeitraums zurücknimmt, jedesmal auf ein weiteres Vierteljahr an den Verzicht auf die Rente gebunden.[1])

§ 19.

[1]) Ebenso GUVG. § 24, nachgebildet dem § 25 des Invalidenversicherungsgesetzes.

§. 20.

Streitigkeiten, welche wegen Gewährung freier Kur und Verpflegung in einem Krankenhaus oder an Bord eines Fahrzeugs im Ausland entstehen, werden bis zu weiterer Entschließung der zuständigen Genossenschaftsorgane durch dasjenige Seemannsamt, welches zuerst angegangen wird, entschieden. Diese Entscheidung ist vorläufig vollstreckbar.[1])

Streitigkeiten, welche aus Anlaß der in den §§. 14, 15 Abs. 3, §. 16 enthaltenen Bestimmungen entstehen, werden, soweit es sich um Ansprüche von Seeleuten handelt, durch das Seemannsamt entschieden. Zuständig ist, soweit es sich um die Gewährung von Fürsorge handelt, dasjenige Seemannsamt, welches zuerst angegangen wird, und soweit es sich um Erstattungen handelt, das Seemannsamt des Heimathshafens. Gegen die Entscheidung des Seemannsamts findet die Berufung an das Reichs-Versicherungsamt statt. Das Rechtsmittel ist bei demselben innerhalb eines Monats nach Zustellung der Entscheidung einzulegen. Die Entscheidung ist vorläufig vollstreckbar, soweit es sich um Streitigkeiten über Fürsorge handelt.[2])

Im Uebrigen werden Streitigkeiten der im Abs. 2 bezeichneten Art, wenn es sich um Ersatzansprüche handelt, nach §. 58 Abs. 2 des Krankenversicherungsgesetzes, im Uebrigen nach §. 58 Abs. 1 des Krankenversicherungsgesetzes entschieden, und zwar in den Fällen des §. 14 Abs. 2 von der für die Orts-Krankenkassen des Beschäftigungsorts zuständigen Aufsichtsbehörde. Gehört diese zu den Betheiligten, so wird die zur Entscheidung des Streitfalls berufene Behörde durch die für den Beschäftigungsort zuständige höhere Verwaltungsbehörde bestimmt.[3])

§ 20.

[1]) **Absatz 1** ist der alte § 12 Abs. 1. Er beschäftigt sich mit im Ausland entstehenden Streitigkeiten.

[2]) **Absatz 2** hat die früher in § 12 Abs. 2 u. 3 enthaltenen Bestimmungen, soweit es sich um Ansprüche von Seeleuten handelt, zusammengezogen. — Die Berufungsfrist ist, anstatt auf vier Wochen, auf einen Monat festgesetzt, wie jetzt stets in den UV.-Gesetzen.

[3]) **Absatz 3** trifft die übrigen Streitigkeiten der in Abs. 2 bezeichneten Art und regelt sie ebenso wie GUVG. § 14 (vgl. UVG. § 5 Abs. 8, § 11). Wegen des Schlußsatzes s. n. Begr. S. 57 zu GUVG. § 5f.

§. 21.[1])

Im Falle der Tödtung ist als Schadensersatz außerdem zu leisten:

1. sofern nicht nach §. 554 des Handelsgesetzbuchs oder §. 51 der Seemannsordnung der Rheder die Bestattungskosten zu tragen hat, und sofern die Bestattung auf dem Lande erfolgt, als Sterbegeld für Seeleute zwei Drittel des nach §§. 10, 12 Abs. 1 für den Monat ermittelten Durchschnittsverdienstes, für die übrigen nach §. 1 versicherten Personen der fünfzehnte Theil des nach §§. 11, 12 zu

Grunde zu legenden Jahresarbeitsverdienstes, jedoch mindestens ein Betrag von fünfzig Mark;[2])

2. eine den Hinterbliebenen vom Todestage des Verstorbenen ab zu gewährende Rente. Dieselbe besteht nach näherer Bestimmung der §§. 22 bis 26 in einem Bruchtheile seines nach §§. 10 bis 12 ermittelten Jahresarbeitsverdienstes.[3])

Der Anspruch auf Sterbegeld steht demjenigen zu, welcher die Beerdigung besorgt hat.[4])

Ist bei den im §. 11 bezeichneten Personen der der Berechnung zu Grunde zu legende Jahresarbeitsverdienst in Folge eines früher erlittenen, nach den reichsgesetzlichen Bestimmungen über Unfallversicherung entschädigten Unfalls geringer als der vor diesem Unfalle bezogene Lohn, so ist die aus Anlaß des früheren Unfalls bei Lebzeiten bezogene Rente dem Jahresarbeitsverdienste bis zur Höhe des der früheren Rentenfeststellung zu Grunde gelegten Jahresarbeitsverdienstes hinzuzurechnen.[5])

§ 21.

[1]) **Vorbemerkung zu den §§ 21—27.** Der frühere § 13 ist in diese Paragraphen zerlegt zwecks größerer Uebersichtlichkeit unter Hinzufügung einiger Ergänzungen, entsprechend der Umwandlung des § 6 UVG. in die §§ 15—21 GUVG.

Nachdem in den §§ 9 bis 20 der Fall der Verletzung behandelt ist, wird in den §§ 21 ff. der Schadensersatz im Falle der Tödtung (vgl. § 8 Abs. 1) behandelt.

²) **Absatz 1 Ziffer 1. Sterbegeld** heißt es jetzt in den Arbeiterversicherungsgesetzen statt des früheren ‚Ersatz der Beerdigungskosten‘ „um zum Ausdrucke zu bringen, daß die hier zugestandenen Bezüge auch im Falle einer Verunglückung, nach welcher eine Beerdigung des Umgekommenen nicht stattfindet, den Hinterbliebenen gewährt werden sollen" (n. Begr. S. 57). Für Seeleute ist aber die Einschränkung, „sofern die Bestattung auf dem Lande erfolgt", beibehalten (vgl. a. Begr. S. 58).

Die Anführung des § 12 in der Ziffer 1 beruht auf einem Antrag Roesicke Nr. 848 ¹, s. Sten. Berichte S. 5807.

Das Minimum des Sterbegeldes ist von der RK. von dreißig Mark auf fünfzig Mark erhöht worden.

³) **Absatz 1 Ziffer 2.** Entsprechend GUVG. § 15 Abs. 1 Nr. 2. — Den Vorschlag des Entwurfs, „daß in den Fällen des § 9a [jetzt § 10] die dort vorgesehenen zwei Fünftel für Beköstigung außer Ansatz bleiben," wie es im alten Gesetz § 13 Nr. 2 hieß, hat die n. RK. S. 13/14 abgelehnt, weil „die Hinterbliebenen-Rente infolge dieser Kürzung bisher zu gering ausgefallen sei". — Vgl. noch § 81.

⁴) **Absatz 2** ist der alte § 13 Abs. 4. Das GUVG. enthält eine derartige Vorschrift nicht.

⁵) **Absatz 3** entspricht dem GUVG. § 15 Abs. 2. Er beruht auf einem Antrag Roesicke (Nr. 848 ¹ der Drucksachen), welcher bei der dritten Berathung angenommen wurde (Sten. Berichte S. 5807).

§. 22.¹)

Hinterläßt der Verstorbene eine Wittwe oder Kinder, so beträgt die Rente für die Wittwe bis zu deren Tode oder Wiederverheirathung sowie für jedes hinterbliebene Kind bis zu dessen zurückgelegtem fünfzehnten Lebensjahre je zwanzig Prozent des Jahresarbeitsverdienstes.[2])

Im Falle der Wiederverheirathung erhält die Wittwe sechzig Prozent des Jahresarbeitsverdienstes als Abfindung.[3])

Der Anspruch der Wittwe ist ausgeschlossen, wenn die Ehe erst nach dem Unfalle geschlossen worden ist; die Berufsgenossenschaft kann jedoch in besonderen Fällen auch dann eine Wittwenrente gewähren.[4])

Die Bestimmungen über die Renten der Kinder finden auch Anwendung, wenn der Unfall eine alleinstehende weibliche Person betroffen hat und diese mit Hinterlassung von Kindern verstirbt.[5])

§ 22.

[1]) Der § 22 stimmt wörtlich überein mit GUVG. § 16.

[2]) **Absatz 1.** Die Rente für ein Kind ist erhöht, dafür werden aber besondere Verhältnisse nicht mehr berücksichtigt (s. n. Begr. S. 58/59); vgl. den früheren § 13 Abs. 2 sub a).

[3]) **Absatz 2.** Die Abfindung der Wittwe ist jetzt für alle Fälle auf das Dreifache der normalen Wittwenrente von 20% festgesetzt worden (vgl. n. Begr. S. 59).

[4]) **Absatz 3.** Sein erster Theil entspricht dem alten § 13 Abs. 2 sub a Abs. 4. Jetzt ist aber der Berufsgenossenschaft noch „die Befugniß beigelegt, in besonderen

Ausnahmefällen (z. B. wenn die Ehe zu dem Zeitpunkt, in welchem der Verletzte zwar in Folge des Unfalls, aber zeitlich vielleicht erst lange nach dessen Eintritt stirbt, schon lange bestanden hat, oder wenn die Eheschließung zur Zeit des Unfalls unmittelbar bevorstand und vielleicht schon voreheliche Kinder vorhanden waren) der Wittwe auch dann eine Unfallrente zu gewähren, wenn die Ehe erst nach dem Unfalle geschlossen worden ist" (n. Begr. S. 59).

In der Reichstagsvorlage war als neuer Ausschließungsgrund hinzugefügt: „Der Anspruch kann ganz oder theilweise abgelehnt werden, wenn die Ehefrau seit mindestens einem Jahre vor dem Unfall ohne gesetzlichen Grund von der häuslichen Gemeinschaft sich ferngehalten und ohne Beihülfe des Ehemannes ihren Unterhalt gefunden hat" (vgl. n. Begr. S. 59 Abs. 4). Dieser Satz ist auf Antrag des Abg. Roesicke in der dritten Berathung vom Reichstag gestrichen worden (s. Sten. Berichte S. 5808, vgl. S. 5770—5771).

[5]) **Absatz 4** ist zur Vermeidung von Zweifeln aufgenommen worden (s. n. Begr. S. 60).

§. 23.[1])

War die Verstorbene beim Eintritte des Unfalls verheirathet, aber der Lebensunterhalt ihrer Familie wegen Erwerbsunfähigkeit des Ehemanns ganz oder überwiegend durch sie bestritten worden, so erhalten bis zum Wegfalle der Bedürftigkeit an Rente

a) der Wittwer zwanzig Prozent,

b) jedes hinterbliebene Kind bis zu dessen zurückgelegtem fünfzehnten Lebensjahre zwanzig Prozent des Arbeitsverdienstes.[2])

Die Berufsgenossenschaft ist berechtigt, im Falle der Tödtung einer Ehefrau, deren Ehemann sich ohne gesetzlichen Grund von der häuslichen Gemeinschaft ferngehalten und der Pflicht der Unterhaltung der Kinder entzogen hat, diesen Kindern die Rente zu gewähren.[3])

§ 23.

[1]) Der § 23 ist neu; er stimmt wörtlich mit GUVG. § 17 überein.

[2]) **Absatz 1** will thatsächlichen Verhältnissen Rechnung tragen und giebt hier einem Wittwer einen Anspruch, wie ihn bislang nur die Wittwe entsprechend hatte (s. n. Begr. S. 60).

[3]) **Absatz 2** war in der Reichstagsvorlage Abs. 5 des § 13a [jetzt § 22], ist aber auf Antrag des Abg. Roesicke bei der dritten Berathung hierher gestellt (s. Sten. Ber. S. 5808, vgl. S. 5771—5773). Die n. Begr. S. 60 rechtfertigt diese Vorschrift, welche der Berufsgenossenschaft nur eine Befugniß verleiht, mit der Erwägung, daß „es oft unmöglich ist, den rechtlich feststehenden Versorgungsanspruch der Kinder einer solchen Ehefrau gegen ihren Vater thatsächlich zur Geltung zu bringen".

§. 24.

Hinterläßt der Verstorbene Verwandte aufsteigender Linie, so wird ihnen, falls ihr Lebensunterhalt ganz oder überwiegend durch den Verstorbenen bestritten worden war, bis zum Wegfalle der Bedürftigkeit eine Rente von insgesammt zwanzig Prozent des Jahresarbeitsverdienstes gewährt.[1])

§ 24.

[1]) Der § 24 stimmt wörtlich mit GUVG. § 18 überein. Die Ascendentenrente war früher (§ 13 Abs. 2, b) davon abhängig, daß der Verstorbene der einzige Ernährer war. Das ist jetzt gemildert (s. n. Begr. S. 60 bis 61). Es kommt nur auf die Thatsache der Unterhaltsgewährung an.

§. 25.

Hinterläßt der Verstorbene elternlose Enkel, so wird ihnen, falls ihr Lebensunterhalt ganz oder überwiegend durch den Verstorbenen bestritten worden war, im Falle der Bedürftigkeit bis zum zurückgelegten fünfzehnten Lebensjahr eine Rente von insgesammt zwanzig Prozent des Jahresarbeitsverdienstes gewährt.[1])

§ 25.

[1]) Der § 25 stimmt wörtlich mit GUVG. § 19 überein. Er ist aufgenommen, weil die Rechtsprechung (s. RVA. in AN. 1888 S. 83 Nr. 460) zu den Kindern i. S. des UVG. die Enkel nicht rechnete.

Die Rente ist wie im § 24 normirt. „Die Rente ist, sofern sie nicht schon früher aus anderen Gründen wegfällt, zu zahlen, bis der letzte entschädigungsberechtigte Enkel das fünfzehnte Lebensjahr zurückgelegt hat" (n. Begr. S. 61 zu § 6d GUVG.).

§. 26.

Die Renten der Hinterbliebenen dürfen insgesammt sechzig Prozent des Jahresarbeitsverdienstes nicht übersteigen. Ergiebt sich ein höherer

Betrag, so werden die Renten gekürzt. Bei Ehegatten und Kindern erfolgt die Kürzung im Verhältnisse der Höhe ihrer Renten; Verwandte aufsteigender Linie haben einen Anspruch nur insoweit, als der Höchstbetrag der Renten nicht für Ehegatten oder Kinder in Anspruch genommen wird; Enkel nur insoweit, als der Höchstbetrag der Renten nicht für Ehegatten, Kinder und Verwandte aufsteigender Linie in Anspruch genommen wird.

Sind aus der aufsteigenden Linie Verwandte verschiedenen Grades vorhanden, so wird die Rente den Eltern vor den Großeltern gewährt.[1])

§ 26.

[1]) Der § 26 stimmt wörtlich mit GUVG. § 20 überein (vgl. n. Begr. S. 71 zu GUVG. § 6e).

§. 27.[1])

Die Hinterbliebenen eines Ausländers, welche zur Zeit des Unfalls nicht im Inland oder an Bord eines deutschen Schiffes[3]) ihren gewöhnlichen Aufenthalt hatten, haben keinen Anspruch auf die Rente.[2]) Durch Beschluß des Bundesraths kann diese Bestimmung für bestimmte Grenzbezirke sowie für die Angehörigen solcher auswärtiger Staaten, durch deren Gesetzgebung eine entsprechende Fürsorge für die Hinterbliebenen durch Betriebsunfall getödteter Deutschen gewährleistet ist, außer Kraft gesetzt werden.[4])

§ 27.

[1]) Der § 27 stimmt, abgesehen von den Worten „oder an Bord eines deutschen Schiffes", genau mit GUVG. § 21 überein. — Ein Antrag, den § 27 (13 f) zu streichen, wurde von der n. RK. S. 14 abgelehnt und wiederholt vom Plenum (Sten. Ber. S. 5517).

[2]) Der frühere § 13 Abs. 2, b stellte die Rente darauf ab, ob die Hinterbliebenen des Ausländers z. Z. des Unfalles im Inlande wohnten. Nach dem Vorgange des § 48 Nr. 4 des Invalidenversicherungsgesetzes ist der jetzige Ausdruck gewählt, um die Entscheidung nicht von dem Rechtsbegriff eines „Wohnsitzes" (BGB. § 7) der Familie des Ausländers abhängig zu machen, sondern die thatsächlichen Verhältnisse des **„gewöhnlichen Aufenthalts"** als entscheidend hinzustellen (n. Begr. S. 62).

[3]) Um Zweifel auszuschließen, ist im § 27 dem Inland der **Aufenthalt an Bord eines deutschen Schiffes** gleichgestellt, damit z. B. „eine mit ihrem Manne, einem Ausländer, an Bord bedienstete Aufwärterin, wenn sie durch den Unfall ihres Mannes Wittwe wird, die Unfallrente ebenso erhält, wie eine unter ähnlichen Verhältnissen im Inlande wohnende Ausländerin" (n. Begr. S. 145).

[4]) Vgl. Invalidenversicherungsgesetz § 48 Nr. 4 und n. Begr. S. 61/62 zu GUVG. § 67.

§. 28.[1])

Den Angehörigen eines Versicherten, welcher sich auf einem in See gegangenen Fahrzeuge befunden hat, steht der Anspruch auf Rente (§§. 21 ff.) auch dann zu, wenn dieses Fahrzeug untergegangen oder nach den Bestimmungen der §§. 862, 863 des Handelsgesetzbuchs als verschollen anzusehen ist, und seit dem Untergange oder seit den letzten Nachrichten von dem Fahrzeug ein Jahr verflossen ist, ohne daß von dem Leben des Vermißten glaubhafte Nachrichten eingegangen sind. Die Genossenschaft kann von den zum Bezuge von Renten berechtigten Hinterbliebenen verlangen, daß sie vor einer zur Abnahme von Eiden zuständigen Behörde die eidesstattliche Versicherung abgeben, von dem Leben des Vermißten keine anderen als die angezeigten Nachrichten erhalten zu haben.[2])

Die Zahlung der Rente beginnt in den Fällen dieser Art mit dem Tage, an welchem das Fahrzeug untergegangen ist, oder, wenn das Fahrzeug verschollen war, nach Ablauf eines halben Monats von dem Tage ab, bis zu welchem die letzte Nachricht über das Fahrzeug reicht (§. 42 der Seemannsordnung).[3]) Der Anspruch auf fernere Rentenbezüge erlischt, wenn das Leben des als verstorben geltenden Ernährers nachgewiesen ist.[4])

§ 28.

[1]) Der § 28 ist der sachlich unveränderte § 14 des alten Gesetzes.

[2]) **Absatz 1.** Beanspruchen die Hinterbliebenen die Rente, so haben sie den Tod des Versicherten zu beweisen (vgl. N. 7, a zu § 1). Solcher Beweis wird durch den § 28 für den Fall erleichtert, daß die Hinterbliebenen darthun können, daß der Versicherte auf dem Fahrzeug war und daß dieses untergegangen oder u. W.

§§ 862, 863 HGB. als verschollen anzusehen ist. Insbesondere bedarf es nicht etwa einer Todeserklärung (BGB. § 16), sondern genügt das summarische im § 28 nachgelassene Verfahren (vgl. a. Begr. S. 59).

[3]) **Absatz 2** lehnt sich an SO. § 42. Für die Berechnung der Rente ist daher der Durchschnittssatz maßgebend, welcher am präsumtiven Todestag galt, nicht der zur Zeit der Rentenfestsetzung geltende höhere (s. N. 2 zu § 10) Satz (RVA. in A. N. 1900 S. 684 Nr. 1813). „Für die zwischen dem präsumtiven Todestage und der Bewilligung der Rente liegende Zeit sind die inzwischen fällig gewordenen Rentenbeträge nachzuzahlen" (a. Begr. S. 59).

[4]) „Durch den letzten Satz . . . sollen die der Genossenschaft etwa zustehenden civilrechtlichen Ansprüche gegen den irrthümlich als verstorben erachteten Seemann auf Herauszahlung der den Angehörigen desselben inzwischen gezahlten Rentenbeträge nicht ausgeschlossen werden" (a. Begr. S. 59).

§. 29.[1])[2])

Die Verpflichtung der eingeschriebenen Hülfskassen sowie der sonstigen Kranken-, Sterbe-, Invaliden- und anderen Unterstützungskassen, den von Unfällen betroffenen Versicherten sowie deren Angehörigen und Hinterbliebenen Unterstützungen zu gewähren, sowie die Verpflichtung von Gemeinden oder Armenverbänden zur Unterstützung hülfsbedürftiger Personen wird durch dieses Gesetz nicht berührt.

Wenn auf Grund solcher Verpflichtung Unterstützungen für einen Zeitraum gewährt werden, für welchen den Unterstützten nach Maßgabe dieses Gesetzes ein Entschädigungsanspruch zustand oder noch zusteht, so ist hierfür den die Unterstützung gewährenden Kassen, Gemeinden oder Armenverbänden durch Ueberweisung von Rentenbeträgen Ersatz zu leisten.[3])

In Fällen dieser Art gilt für die unter das Krankenversicherungsgesetz fallenden Kassen als Ersatz der im §. 6 Abs. 1 Ziffer 1 des Krankenversicherungsgesetzes bezeichneten Leistungen die Hälfte des gesetzlichen Mindestbetrags des Krankengeldes dieser Kassen, sofern nicht höhere Aufwendungen nachgewiesen werden.[4])

Ist die von Kassen, Gemeinden oder Armenverbänden geleistete Unterstützung eine vorübergehende, so können als Ersatz höchstens drei Monatsbeträge der Rente, und zwar mit nicht mehr als der Hälfte in Anspruch genommen werden.[5])

Ist die Unterstützung eine fortlaufende, so kann als Ersatz, wenn die Unterstützung in der Gewährung des Unterhalts in einer Anstalt besteht, für dessen Dauer und in dem zur Ersatzleistung erforderlichen Betrage die fortlaufende Ueberweisung der vollen Rente, im Uebrigen die fortlaufende Ueberweisung von höchstens der halben Rente beansprucht werden.[6])

§ 29.

[1]) **Vorbemerkung zu den §§ 29—31.** Diese Paragraphen treten nach § 25 des Mantelgesetzes erst vom 1. Januar 1902 an die Stelle der bisherigen Bestimmungen, d. h. des alten § 15, welcher lautet:

„Die Verpflichtung von Unterstützungskassen, verletzten Seeleuten sowie deren Angehörigen und Hinterbliebenen Unterstützungen zu gewähren, sowie die Verpflichtung von Gemeinden und Armenverbänden zur Unterstützung hülfsbedürftiger Personen wird durch dieses Gesetz nicht berührt. Soweit auf Grund solcher Verpflichtung Unterstützungen in Fällen gewährt worden sind, in welchen dem Unterstützten nach Maßgabe dieses Gesetzes ein Entschädigungsanspruch zusteht, geht der letztere bis zum Betrage der geleisteten Unterstützung auf die Kassen, die Gemeinden und Armenverbände über, von welchen die Unterstützung gewährt worden ist."

[2]) Der § 29 entspricht — abgesehen davon, daß es im Abs. 1 „Versicherten" statt „Arbeitern und Betriebsbeamten" heißt — wörtlich dem GUVG. § 25. Vorbildlich war § 49 des Invalidenversicherungsgesetzes.

[3]) **Absätze 1 u. 2** geben den Inhalt des alten § 15 mit Aenderungen wieder. An den bestehenden Verpflichtungen der Genannten zur Unterstützung soll durch das SUVG. nichts geändert werden, doch sollen sie, soweit auf Grund des SUVG. Unterstützungen gewährt werden müssen, nur provisorische in dem Sinne sein, daß dafür den Kassen u. s. w. Ersatz zu leisten ist. Nach dem alten Gesetz geschieht dies durch ein gesetzliches Uebergehen (vgl. BGB. § 412) des Entschädigungsanspruches. Da sich hierbei Unzulänglichkeiten herausgestellt haben (s. n. Begr. S. 65 zu GUVG. § 8) ist durch das neue Gesetz den betreffenden Kassen u. s. w. als Ersatz ein Anspruch auf Ueberweisung von Renten-

beträgen gegeben. „Voraussetzung bleibt dabei selbstverständlich, daß die Unterstützung für einen Zeitraum gewährt ist, für welchen dem Unterstützten ein Entschädigungsanspruch zugestanden hat oder noch zusteht" (n. Begr. S. 65).

[4]) **Absatz 3.** Dieser Mindestbetrag ist zur Vereinfachung des Verfahrens jetzt gesetzlich festgelegt (vgl. n. Begr. S. 66 Abs. 2 u. 3).

[5]) **Absatz 4.** Das ist bestimmt, damit nicht durch wiederholte und vollständige Entziehung der Rente immer neue Hülfsbedürftigkeit verursacht wird (s. n. Begr. S. 65).

[6]) **Absatz 5** beruht auf denselben Erwägungen, wie Abs. 4. Die in eine Armenanstalt Aufgenommenen bedürfen nicht so sehr des baaren Geldes, weshalb hier die Rente ganz überwiesen werden kann (s. n. Begr. S. 65/66).

§. 30.

Der Antrag auf Ueberweisung von Rentenbeträgen (§. 29 Abs. 2 bis 5) ist bei der Berufsgenossenschaft anzumelden; soweit es sich um den Ersatz für eine vorübergehende Unterstützung handelt, ist der Anspruch bei Vermeidung des Ausschlusses spätestens binnen drei Monaten seit Beendigung der Unterstützung geltend zn machen.

Streitigkeiten, welche aus den Bestimmungen des §. 29 Abs. 2 bis 5 zwischen den Betheiligten über den Anspruch auf Ueberweisung von Rentenbeträgen entstehen, werden im Verwaltungsstreitverfahren und, wo ein solches nicht besteht, durch die dem Ersatzberechtigten vorgesetzte Aufsichtsbehörde entschieden. Die Entscheidung der Letzteren kann innerhalb eines Monats nach der Zustellung im Wege des Rekurses nach Maßgabe der §§. 20, 21 der Gewerbeordnung angefochten werden.[1])

§ 30.

[1]) Der § 30 stimmt überein mit GUVG. § 26. Die Vorschriften sind dem Invalidenversicherungsgesetz § 50 Abs. 1 u. 3 nachgebildet (vgl. u. Begr. S. 66/67).

§. 31.

Die Bestimmungen der §§. 29, 30 gelten auch für Betriebsunternehmer und Kassen, welche die den Gemeinden oder Armenverbänden obliegende Verpflichtung zur Unterstützung Hülfsbedürftiger auf Grund gesetzlicher Vorschrift erfüllen.[1])

§ 31.

[1]) Der § 31 stimmt überein mit GUVG. § 27. Die Vorschriften sind dem Invalidenversicherungsgesetz § 51 nachgebildet.

Träger der Versicherung (Berufsgenossenschaft).

§. 32.

Die Versicherung erfolgt, vorbehaltlich der Bestimmung des §. 158, auf Gegenseitigkeit durch die Unternehmer der unter §. 1 fallenden Betriebe, welche zu diesem Zwecke in eine Berufsgenossenschaft vereinigt bleiben.[1])

Als Unternehmer gilt derjenige, für dessen Rechnung der Betrieb erfolgt, bei Schiffahrtsbetrieben der Rheder (§. 3 Abs. 4).[2])

Unfälle in fremden Betrieben hat die Berufsgenossenschaft dann zu entschädigen, wenn sich diese Unfälle bei Betriebshandlungen ereignen, zu welchen ein der Berufsgenossenschaft angehörender Unternehmer den Auftrag gegeben und für welche er die Löhne zu zahlen hat.[3])

Die Berufsgenossenschaft kann unter ihrem Namen Rechte erwerben und Verbindlichkeiten eingehen, vor Gericht klagen und verklagt werden.

Für die Verbindlichkeiten der Berufsgenossenschaft haftet den Gläubigern nur das Genossenschaftsvermögen.[4])

§ 32.

[1]) **Absatz 1** entspricht dem früheren § 16 Abs. 1 unter Einschiebung der Worte „vorbehaltlich der Bestimmung des § 158", weil für die im § 152 bezeichneten Kleinschiffer und Seefischer durch § 158 eine besondere Versicherungsanstalt in Aussicht genommen ist.

Daß die Versicherung der unter § 1 fallenden Betriebe durch deren Unternehmer auf Gegenseitigkeit erfolgt, entspricht dem Grundsatz der Reichs-Unfall-Versicherungsgesetze (vgl. die Einleitung).

Aus praktischen Gründen (s. a. Begr. S. 46/47) hatte schon das alte Gesetz nur **eine** Seeberufsgenossenschaft vorgesehen. Dabei soll es „bleiben".

Die Seeberufsgenossenschaft zerfällt in Sektionen (s. A. 2 zu § 38).

²) **Absatz 2** ist der alte § 16 Abs. 2. — Sein erster Theil wiederholt die Regel der Reichs-Unfall-Versicherungsgesetze (s. GUVG. § 28 Abs. 3).

Bei Schiffahrtsbetrieben erfolgt der Betrieb nicht stets für den Rheder i. S. des SUVG., d. h. den Eigenthümer (s. § 3 Abs. 4), z. B. dann nicht, wenn ein „Ausrüster" i. S. des HGB. § 510 das Schiff verwendet. Das Gesetz hat aber die Berufsgenossenschaft der Mühe entheben wollen, sich auf derartige Verhältnisse einzulassen. „Es kann daher demjenigen Rheder, welcher die Ausnutzung des Fahrzeuges zeitweise einem Anderen überträgt, überlassen bleiben, wegen der aus der Unfallversicherung entstehenden Lasten mit dem letzteren eine Vereinbarung zu treffen" (a. Begr. S. 60).

³) **Absatz 3** ist ein dem GUVG. § 28 Abs. 4 wörtlich entsprechender Zusatz. Derselbe „hat ausschließlich den Fall im Auge, daß ein der gesetzlichen Unfallversicherung unterstehender Betrieb in einen anderen ebenfalls versicherten übergreift". Die dann entstehenden Zweifel, welcher Genossenschaft die Unfallgefahr zufällt, ist jetzt positiv entschieden (vgl. n. Begr. S. 69—70 zu GUVG. § 9).

⁴) **Absatz 4 u. 5** sind Abs. 3 u. 4 des alten § 16. Es wird damit, ebenso wie in den anderen Reichs-Unfall-Versicherungsgesetzen, die volle Rechtsfähigkeit der Berufsgenossenschaften anerkannt. Vgl. § 42.

Bestellung von Bevollmächtigten.

§. 33.¹)

Für jedes Fahrzeug hat der Rheder in dem Heimathshafen einen Bevollmächtigten zu bestellen, falls er nicht selbst an diesem Orte seinen Wohnsitz hat. Mitrheder sind zur Bestellung eines gemeinschaftlichen Bevollmächtigten auch dann verpflichtet, wenn sie sämmtlich in dem Heimathshafen des Fahrzeugs ihren Wohnsitz haben. Der Name des Bevollmächtigten sowie etwaige Veränderungen in der Person desselben sind der Berufsgenossenschaft mitzutheilen.[2])

Der Bevollmächtigte ist befugt und verpflichtet, den Rheder in dessen Eigenschaft als Mitglied der Genossenschaft dieser letzteren gegenüber gerichtlich und außergerichtlich zu vertreten. Diese Befugniß und Verpflichtung erstreckt sich auf die Geschäfte und Rechtshandlungen, für welche nach den Gesetzen eine Spezialvollmacht erforderlich ist. Zustellungen in Angelegenheiten der Genossenschaft erfolgen an den Bevollmächtigten mit gleicher Wirkung wie an den Rheder selbst. Eine Beschränkung der Befugnisse des Bevollmächtigten hat der Genossenschaft gegenüber keine rechtliche Wirkung.[2])

Bis zur Mittheilung des Namens des Bevollmächtigten oder im Falle eines Wegfalls des letzteren, bis zur Mittheilung des Namens des anderweit bestellten Bevollmächtigten ruhen das Stimmrecht und die Wählbarkeit des Rheders. Bis dahin wird derselbe zu der Generalversammlung und den Genossenschaftsversammlungen nicht geladen; auch können Zustellungen an ihn in Angelegenheiten der Genossenschaft durch öffentlichen Aushang während einer Woche in den Geschäftsräumen der zustellenden Genossenschaftsorgane oder Behörden bewirkt werden. In dem Aushange kann der Name des Rheders, sofern derselbe nicht bekannt sein sollte, durch Bezeichnung des Fahrzeugs ersetzt werden. Durch das Statut können weitere Beschränkungen des Rheders in der Ausübung derjenigen Rechte vorgeschrieben werden, welche ihm als Mitglied der Genossenschaft im Verhältnisse zu dieser zustehen.[4])

Ein von den Mitrhedern bestellter Korrespondentrheder (§§. 492 ff. des Handelsgesetzbuchs) gilt, solange kein besonderer Bevollmächtigter bestellt ist, der Genossenschaft gegenüber als Bevollmächtigter im Sinne der vorstehenden Bestimmungen. Insbesondere hat derselbe alle dem Bevollmächtigten im Verhältnisse zu der Genossenschaft vorstehend beigelegten Rechte und Pflichten.[5])

§ 33.

[1]) § 33 ist der unveränderte § 17 des alten Gesetzes. Er soll den Verkehr der Berufsgenossenschaft mit den Rhedern (Eigenthümern) erleichtern (vgl. a. Begr. S. 60 bis 61).

[2]) **Absatz 1.** Steht ein Schiff im Eigenthum **Mehrerer**, so ist **stets** ein Bevollmächtigter zu bestellen (vgl. Abs. 4).

Steht ein Schiff im Eigenthum eines **Einzelnen**, so hat derselbe für sein Schiff dann einen Bevollmächtigten zu bestellen, wenn er nicht selbst seinen Wohnsitz (BGB. § 7) im Heimathshafen des Schiffes hat.

Der Bevollmächtigte ist stets im Heimathshafen zu bestellen, d. h. demjenigen Hafen, von welchem aus die Seefahrt mit dem Schiffe betrieben wird (HGB. § 480 Abs. 1; vgl. Flaggengesetz § 6 Abs. 1, § 13).

[3]) **Absatz 2** regelt die Rechte und Pflichten des Bevollmächtigten. Er haftet nicht für die dem Rheder obliegenden Beiträge (s. § 111 Abs. 1). Vgl. a. Begr. S. 76.

[4]) **Absatz 3** setzt die Nachtheile fest für Nichtbestellung eines Bevollmächtigten.

[5]) **Absatz 4.** Ist ein Korrespondentrheder bestellt (s. HGB. § 492), so gilt dieser als Bevollmächtigter und hat insbesondere Dritten gegenüber die Pflichten eines solchen (während er nach HGB. § 493 Dritten gegenüber nur Befugnisse hat, nicht auch Pflichten).

Aufbringung der Mittel.

§. 34.

Die Mittel zur Deckung der von der Berufsgenossenschaft zu leistenden Entschädigungen und der Verwaltungskosten werden durch Beiträge aufgebracht, welche auf die Mitglieder der Berufsgenossenschaft jährlich umgelegt werden (§§. 103, 104).[1])

Zu anderen Zwecken, als zur Deckung der Kosten für die der Genossenschaft obliegende Fürsorge, zur Bestreitung der Verwaltungskosten, zur Ansammlung des Reservefonds, zur Gewährung von Prämien für Rettung Verunglückter und zu

Zwecken der Unfallverhütung sowie mit Genehmigung des Reichs-Versicherungsamts zur Errichtung von Heil- oder Genesungsanstalten dürfen weder Beiträge von den Genossenschaftsmitgliedern erhoben werden, noch Verwendungen aus dem Vermögen der Genossenschaft erfolgen.[2])

§ 34.

[1]) **Absatz 1** ist der alte § 18 Abs. 1 (vgl. GUVG. § 29 Abs. 1). Daß nur die Arbeitgeber die Lasten der Unfallversicherung tragen, ist ein allgemeiner Grundsatz der Reichs-Unfall-Versicherung.

[2]) **Absatz 2** ist der sachlich ungeänderte alte § 18 Abs. 2 unter Einschiebung der Worte „sowie mit Genehmigung des Reichs-Versicherungsamtes zur Errichtung von Heil- und Genesungsanstalten". — Ebenso GUVG. § 31 Abs. 1.

Eine Befugniß der Berufsgenossenschaft zur Einführung weiterer Einrichtungen s. im Mantelgesetz § 23. —

Der alte § 18 enthielt einen Absatz 3 betreffend die Beschaffung eines Betriebsfonds für das erste Jahr, welcher als jetzt gegenstandslos gestrichen ist (n. Begr. S. 146).

§. 35.

Auf die Beiträge können von den Mitgliedern nach Bestimmung des Statuts viertel- oder halbjährliche Vorschüsse erfordert werden. Dieselben bemessen sich für die einzelnen Mitglieder nach der Höhe der für das letztvergangene Rechnungsjahr auf sie umgelegten Beiträge und betragen jedesmal den vierten Theil beziehungsweise die Hälfte der letzteren, solange nicht die Genossenschaftsversammlung einen niedrigeren Betrag festgesetzt hat. Für neueintretende Mitglieder sind die Vorschüsse nach demjenigen Betrage zu bemessen, welchen diese Mitglieder nach dem Umfang ihres Betriebs zu den Jahreslasten des letztvergangenen Rechnungsjahrs hätten beitragen müssen, wenn sie in demselben schon Mitglieder der Berufsgenossenschaft gewesen wären.

Die Vorschüsse sind binnen zwei Wochen nach den durch das Statut oder die Genossenschaftsversammlung bestimmten Fälligkeitsterminen an den Vorstand einzuzahlen.[1])

§ 35.

[1]) Der § 35, welcher mit GUVG. § 32 übereinstimmt, ist eine Neuerung. Er gestattet die vorschußweise Einforderung der Beiträge (vgl. § 103, auch § 107 Abs. 2). In der n. R.K. S. 14 wurde hierzu „festgestellt, daß die Befugniß zur Einziehung von Vorschüssen nicht allgemein ausgeübt zu werden brauche, sondern auf einzelne Gruppen von Mitgliedern beschränkt werden könne".

§. 36.

Die Berufsgenossenschaft hat einen Reservefonds anzusammeln. Dem jeweiligen Bestande desselben sind vom Inkrafttreten dieses Gesetzes ab drei Jahre lang je zehn Prozent und weiter in Zeiträumen von je drei Jahren je ein Prozent weniger bis herab zu je vier Prozent alljährlich zuzuschlagen und zwar jedesmal unter Anrechnung der Zinsen. Nach Ablauf dieser Zeit sind aus den Zinsen des Reservefonds diejenigen Beträge zu entnehmen, welche erforderlich sind, um eine weitere Steigerung des auf eine jede versicherte Person im Durchschnitt entfallenden Umlagebeitrags zu beseitigen. Der Rest der Zinsen ist dem Reservefonds weiter zuzuschlagen.

In dringenden Bedarfsfällen kann die Genossenschaft mit Genehmigung des Reichs-Versicherungsamts schon vorher die Zinsen und erforderlichen Falles auch den Kapitalbestand des Reservefonds angreifen. Die Wiederergänzung erfolgt alsdann nach näherer Anordnung des Reichs-Versicherungsamts.

Auf Antrag des Genossenschaftsvorstandes kann die Genossenschaftsversammlung jederzeit weitere Zuschläge zum Reservefonds beschließen. Solche Beschlüsse bedürfen der Genehmigung des Reichs-Versicherungsamts.[1])

§ 36.

[1]) Der § 36 enthält Vorschriften über den Reservefonds, welche dem GUVG. § 34 entsprechen (vgl. RK. z. GUVG., Drucksache Nr. 703a S. 4473 ff.), abgesehen davon, daß sie nicht die Neubildung eines solchen berücksichtigen, weil ein solcher Fonds für die Seeberufsgenossenschaft schon nach § 19 des alten Gesetzes gebildet war.

II. Organisation der Berufsgenossenschaft.

Statut der Berufsgenossenschaft.

§. 37.[1])

Die Berufsgenossenschaft regelt ihre innere Verwaltung sowie ihre Geschäftsordnung durch ein von der Genossenschaftsversammlung zu beschließendes Statut.[2])

Das Genossenschaftsstatut muß Bestimmungen treffen:[3])

1. über Namen und Sitz der Genossenschaft;
2. über die Bildung des Genossenschaftsvorstandes und über den Umfang seiner Befugnisse;
3. über die Berufung der Genossenschaftsversammlung sowie über die Art ihrer Beschlußfassung;
4. über das Stimmrecht der Mitglieder der Genossenschaft (§. 58 Abs. 3) und die Prüfung ihrer Vollmachten;
5. über das bei der Abschätzung der Seefahrzeuge (§. 49) zu beobachtende Verfahren (§. 52);
6. über das Verfahren bei Aenderung in den Betrieben oder in der Person der Rheder (§§. 62 bis 64);

7. über die Folgen der Betriebseinstellungen oder eines Wechsels der Betriebsunternehmer, insbesondere über die Sicherstellung der Beiträge derjenigen Personen, welche den Betrieb einstellen;
8. über die den Vertretern der Versicherten zu gewährenden Vergütungssätze (§. 120 Abs. 2);
9. über die Aufstellung, Prüfung und Abnahme der Jahresrechnung;
10. über die Ausübung der der Genossenschaft zustehenden Befugnisse zum Erlasse von Vorschriften behufs der Unfallverhütung und der Ueberwachung der Betriebe (§§. 118 ff.);
11. über die Voraussetzungen einer Abänderung des Statuts;
12. über das bei der Anmeldung und dem Ausscheiden der auf Grund des §. 5 versicherten Personen zu beobachtende Verfahren sowie über Ermittelung des Jahresarbeitsverdienstes dieser Personen (§. 11).

§ 37.

[1]) **Vorbemerkung zu §§ 37 ff.** Der § 20 des alten Gesetzes lautete: „Die Berufsgenossenschaft regelt ihre Verwaltung sowie ihre Geschäftsordnung durch ein von der Generalversammlung ihrer Mitglieder zu beschließendes Statut." Dieser Grundsatz ist in den neuen § 37 Abs. 1 übernommen worden. Die weiteren Vorschriften des alten Gesetzes §§ 21—23 betreffend die

Bildung der Seeberufsgenossenschaft sind im neuen Gesetz fortgeblieben, weil dieses die Seeberufsgenossenschaft als vorhandene Organisation vorfindet (n. Begr. S. 146) und anerkennt (s. z. B. § 32 Abs. 1 verb „bleiben").

²) **Absatz 1 des § 37.** S. die Note 1. Vgl. GUVG. § 36 Abs. 1 Satz 1.

³) **Absatz 2** zählt die wesentlichen („muß") Bestimmungen des Statuts (der Satzung) auf in genauer Uebereinstimmung mit GUVG. § 37. Neu gegenüber dem alten § 24 ist nur, daß in Ziffer 7 „oder eines Wechsels der Betriebsunternehmer" eingeschaltet ist.

Die n. RK. hatte noch eine Ziffer 13 „über die Bedingungen, unter denen die Beamten der Genossenschaft anzustellen sind" hinzugefügt (s. n. RK. z. GUVG., Drucksache Nr. 703a S. 4479). Diese Ziffer ist bei der dritten Berathung auf Antrag des Abg. Roesicke (Drucksache Nr. 848³) gestrichen worden (s. Sten. Ber. S. 5808, auch S. 5775). Vgl. aber § 48!

§. 38.¹)

Das Statut kann vorschreiben, daß die Genossenschaftsversammlung aus Vertretern zusammengesetzt, daß die Berufsgenossenschaft in örtlich abgegrenzte Sektionen²) eingetheilt wird und daß Vertrauensmänner als örtliche Genossenschaftsorgane eingesetzt werden. Enthält dasselbe Vorschriften dieser Art, so ist darin zugleich über die Wahl der Vertreter, über Sitz und Bezirk der Sektionen, über die Zusammensetzung und Berufung der Sektionsversammlungen sowie über die Art ihrer Beschlußfassung, über die Bildung der Sektionsvorstände und über den Umfang ihrer Befugnisse sowie über die Abgrenzung der Bezirke der Vertrauensmänner, die Wahl der letzteren und ihrer Stellvertreter und den Umfang ihrer Befugnisse Bestimmung zu treffen.

Die Abgrenzung der Bezirke der Vertrauensmänner sowie die Wahl der letzteren und ihrer Stellvertreter kann von der Genossenschaftsversammlung dem Genossenschafts- oder Sektionsvorstande, die Wahl der Sektionsvorstände den Sektionsversammlungen übertragen werden.

§ 38.

[1]) Der § 38 ist der alte § 25; er stimmt überein mit GUVG. § 38.

[2]) Die Eintheilung in **Sektionen** soll die Verwaltung erleichtern. Solche Eintheilung bildet bei den Berufsgenossenschaften die Regel. Auch die Seeberufsgenossenschaft hat davon Gebrauch gemacht, s. die Bekanntmachungen in A. N. 1888 S. 8, S. 37 ff.

Danach zerfällt sie in die Sektionen:

I. Sitz: Papenburg; Bezirk: Regierungsbezirk Aurich und Osnabrück, Grossh. oldenb. Aemter Friesoytha und Westerstade, sowie das sonstige Emsgebiet und das Rheingebiet.

II. Sitz: Bremen; Bezirk: Regierungsbezirk Hannover, vom Regierungsbezirk Stade die Kreise Achim, Blumenthal, Geestemünde, Lehe, Osterholz und Verden; Großherzogthum Oldenburg mit Ausschluß der der Sektion I überwiesenen Theile desselben und des Fürstenthums Lübeck, sowie Bremen und das sonstige Wesergebiet.

III. Sitz: Hamburg; Bezirk: Provinz Hannover, ausschließlich der den Sektionen I und II überwiesenen Theile, von der Provinz Schleswig-Holstein die Kreise Altona Stadt, Herzogthum Lauenburg, Pinneberg, Steinburg, Stormarn und der an der Elbe belegene Theil des Kreises Süderdithmarschen, sowie Lübeck, Hamburg und das sonstige Elbegebiet mit Ausschluß der in den Großherzogthümern Mecklenburg-Schwerin und Mecklenburg-Strelitz belegenen Theilen desselben.

IV. Sitz: Kiel; Bezirk: Fürstenthum Lübeck, Provinz Schleswig-Holstein mit Ausschluß der der Sektion III überwiesenen Theile.

V. Satz: Stettin; Bezirk: Provinz Pommern, Großherzogthum Mecklenburg-Schwerin, Mecklenburg-Strelitz und das sonstige Odergebiet.

VI. Sitz: Danzig; Bezirk: Ostpreußen, Westpreußen.

§. 39.

Das Genossenschaftsstatut bedarf zu seiner Gültigkeit der Genehmigung des Reichs-Versicherungsamts. Das Gleiche gilt von Abänderungen des Statuts. Gegen die Versagung der Genehmigung findet innerhalb eines Monats die Beschwerde an den Bundesrath statt.[1])

§ 39.

[1]) Der § 39 giebt den alten § 26 Abs. 1 u. 4 wieder, nur daß auch hier die Beschwerdefrist statt auf 4 Wochen jetzt auf 1 Monat festgesetzt ist. Ebenso GUVG. § 39 Abs. 1. —

Die Abs. 2 u. 3 des alten § 26, welche sich mit der Genehmigung des ersten Statuts beschäftigten, sind, als erledigt, gestrichen.

Veröffentlichung des Namens und Sitzes der Genossenschaft 2c.

§. 40.

Etwaige Aenderungen des Statuts, sofern sie

1. den Namen und den Sitz der Genossenschaft,
2. die Bezirke der Sektionen

betreffen, hat nach ihrer Genehmigung der Genossenschaftsvorstand durch den Reichsanzeiger bekannt zu machen.[1])

§ 40.

[1]) Der § 40 (vgl. GUVG. § 40) bezieht sich jetzt nur noch auf Aenderungen des Statuts und ist ferner gegenüber dem alten § 27 eingeschränkt, indem nicht mehr die Veröffentlichung der Zusammensetzung des Vorstandes, der Sektionsvorstände, der Namen der Vertrauensmänner und ihrer Stellvertreter durch den Reichsanzeiger gefordert wird (vgl. n. Begr. S. 74/75).

Vorstände.

§. 41.

Dem Genossenschaftsvorstande liegt die gesammte Verwaltung der Genossenschaft ob, soweit nicht einzelne Angelegenheiten durch Gesetz oder Statut der Beschlußnahme der Genossenschaftsversammlung vorbehalten oder anderen Organen der Genossenschaft übertragen sind.

Die Beschlußfassung der Vorstände kann in eiligen Fällen durch schriftliche Abstimmung erfolgen.

Der Beschlußnahme der Genossenschaftsversammlung müssen vorbehalten werden:

1. die Wahl der Mitglieder des Genossenschaftsvorstandes,
2. Abänderungen des Statuts,
3. die Prüfung und Abnahme der Jahresrechnung, falls diese nicht von der Genossenschaftsversammlung einem Ausschuß übertragen wird.[1])

§ 41.

[1]) Der § 41, der unveränderte alte § 28, ist identisch mit GUVG. § 41.

Mit „anderen Organen der Genossenschaft" außer ihrem Vorstande und der Genossenschaftsversammlung sind hier (anders § 74 Abs. 2 Satz 2) offenbar gemeint: Sektionsvorstände (§§ 38, 74), Vertrauensmänner (§§ 38, 42 Abs. 2), Ausschüsse, Kommissionen, örtliche Beauftragte (§ 74), nicht aber die Geschäftsführer (vgl. § 42 Abs. 4).

§. 42.

Die Genossenschaft wird durch ihren Vorstand gerichtlich und außergerichtlich vertreten. Die Vertretung erstreckt sich auch auf diejenigen Geschäfte und Rechtshandlungen, für welche nach den Gesetzen eine Spezialvollmacht erforderlich ist. Durch das Statut kann einem Mitglied oder mehreren Mitgliedern des Vorstandes die Vertretung nach außen übertragen werden.

Durch die Geschäfte, welche der Vorstand der Genossenschaft und die Vorstände der Sektionen sowie die Vertrauensmänner innerhalb der Grenzen ihrer gesetzlichen und statutarischen Vollmacht im Namen der Genossenschaft abschließen, wird die letztere berechtigt und verpflichtet.

Zur Legitimation der Vorstände bei Rechtsgeschäften genügt die Bescheinigung der höheren Verwaltungsbehörde, daß die darin bezeichneten Personen den Vorstand bilden.

Der Vorstand der Genossenschaft kann unbeschadet seiner eigenen Verantwortung (§. 45) bestimmte Geschäfte besoldeten Geschäftsführern übertragen. Die zur Ausführung dieser Bestimmung erforderlichen Vorschriften erläßt das Reichs-Versicherungsamt.[1])

§ 42.
[1]) Der § 42 ist identisch mit GUVG. § 42. Die Absätze 1—3 sind identisch mit dem alten § 29. Neu ist der Absatz 4. Derselbe gestattet dem Vorstand nicht, sich generell durch Bevollmächtigte vertreten zu lassen, sondern nur — zur Entlastung des Vorstandes — die Uebertragung bestimmter Geschäfte an besoldete Geschäftsführer, wofür das Reichs-Versicherungsamt einheitliche Normen aufstellen wird (vgl. n. Begr. S. 75).

§. 43.[1])

Wählbar zu Mitgliedern der Vorstände und zu Vertrauensmännern sind die stimmberechtigten Mitglieder der Genossenschaft sowie deren gesetzliche Vertreter und, sofern das Statut dies zuläßt, die Bevollmächtigten der Rheder sowie die Korrespondentrheder (§. 33). Nicht wählbar ist, wer zum Amte eines Schöffen unfähig ist (§§. 31, 32 des Gerichtsverfassungsgesetzes).[2])

Die Ablehnung der Wahl ist nur aus denselben Gründen zulässig, aus welchen gemäß §. 1786 Abs. 1 Ziffer 2 bis 4 und 8 des Bürgerlichen Gesetzbuchs das Amt eines Vormundes abgelehnt werden kann.[3]) Die Wahrnehmung eines auf Grund der Gesetze über Krankenversicherung, Unfallversicherung oder Invalidenversicherung übertragenen Ehrenamts steht der Führung einer Vormundschaft gleich. Durch das Statut können noch andere Ablehnungsgründe festgesetzt werden. Die Wiederwahl kann für eine Wahlperiode abgelehnt werden.

Personen, welche die Wahl ohne zulässigen Grund ablehnen oder sich der Ausübung ihres Amtes ohne hinreichende Entschuldigung entziehen, können vom Vorstande mit Geldstrafen bis zu fünfhundert Mark belegt werden.[4])

§ 43.

[1]) Der § 43 entspricht dem GUVG. § 43, nur daß es „die Bevollmächtigten der Rheder und die Korrespondentrheder" heißt.

[2]) Im alten § 30 Abs. 1 Satz 2 war nur der Fall

des GVG. § 32 Nr. 3 genannt. — Es lauten Gerichtsverfassungsgesetz

§ 31.

Das Amt eines Schöffen ist ein Ehrenamt. Dasselbe kann nur von einem Deutschen versehen werden.

§ 32.

Unfähig zu dem Amte eines Schöffen sind

1. Personen, welche die Befähigung in Folge strafgerichtlicher Verurtheilung verloren haben;
2. Personen, gegen welche das Hauptverfahren wegen eines Verbrechens oder Vergehens eröffnet ist, das die Aberkennung der bürgerlichen Ehrenrechte oder der Fähigkeit zur Bekleidung öffentlicher Aemter zur Folge haben kann;
3. Personen, welche in Folge gerichtlicher Anordnung in der Verfügung über ihr Vermögen beschränkt sind.

[3]) Nach BGB. § 1786 Nr. 8 kann die Uebernahme einer Vormundschaft ablehnen, wer mehr als eine Vormundschaft oder Pflegschaft führt.

[4]) Im Absatz 3 des alten § 30 war als Strafe die Heranziehung zu doppelten Beiträgen zugelassen. Für die jetzt eingeführte Verfügung von Geldstrafen war vorbildlich das Invalidenversicherungsgesetz § 90 Abs. 2.

§. 44.

Die Mitglieder der Vorstände und die Vertrauensmänner verwalten ihr Amt als unentgeltliches Ehrenamt, sofern nicht durch das Statut eine Entschädigung für den durch Wahrnehmung der Genossenschaftsgeschäfte ihnen erwachsenden Zeitverlust bestimmt wird. Die Höhe der Entschädigung unterliegt der Genehmigung des Reichs-Versicherungsamts. Baare Auslagen werden ihnen von der Genossenschaft ersetzt, und zwar, soweit sie in Reisekosten bestehen, nach festen, von der Genossenschaftsversammlung zu bestimmenden Sätzen. Die Mitglieder des Vorstandes dürfen neben diesen Vergütungen eine Besoldung für die Geschäftsführung nicht erhalten.[1])

§ 44.

[1]) Der § 44 ist identisch mit GUVG. § 44. Satz 1 u. 3 geben den alten § 31 wieder; Satz 2 u. 4 sind neu (vgl. n. Begr. S. 76/77).

§. 45.[1])

Die Mitglieder der Vorstände sowie die Vertrauensmänner haften der Genossenschaft für getreue Geschäftsverwaltung wie Vormünder ihren Mündeln[2]) und unterliegen, wenn sie absichtlich zum Nachtheile der Genossenschaft handeln, der Strafbestimmung des §. 266 des Strafgesetzbuchs.

§ 45.

[1]) Der § 45 ist identisch mit GUVG. § 45. Er giebt den alten § 32 sachlich unverändert wieder.

[2]) Ein Vormund haftet für jedes Verschulden (BGB. § 1833).

§. 46.

Kommt eine Wahl der gesetzlichen Organe der Genossenschaft nicht zu Stande oder verweigern die Gewählten die Erfüllung ihrer gesetzlichen oder statutarischen Obliegenheiten, so hat, solange und soweit dies der Fall ist, das Reichs-Versicherungsamt die Obliegenheiten auf Kosten der Genossenschaft wahrzunehmen oder durch Beauftragte wahrnehmen zu lassen.[1])

§ 46.

[1]) Der § 46 ist identisch mit GUVG. § 46; er giebt den alten § 33 inhaltlich unverändert wieder.

§. 47.

Werden hinsichtlich eines Gewählten Thatsachen bekannt, welche dessen Wählbarkeit nach Maßgabe dieses Gesetzes ausschließen, oder welche sich als grobe Verletzungen der Amtspflicht darstellen, so ist der Gewählte, nachdem ihm Gelegenheit zur Aeußerung gegeben worden ist, durch Beschluß des Vorstandes seines Amtes zu entheben. Gegen den Beschluß ist innerhalb eines Monats Beschwerde beim Reichs-Versicherungsamte zulässig; sie ist ohne aufschiebende Wirkung.[1])

§ 47.

[1]) Der § 47 ist neu; er ist identisch mit GUVG. § 47 und dem vorbildlichen § 91 des Invalidenversicherungsgesetzes.

Genossenschaftsbeamte.

§. 48.

Die Genossenschaftsversammlung hat eine Dienstordnung zu beschließen, durch welche die Rechtsverhältnisse und allgemeinen Anstellungsbedingungen der Genossenschaftsbeamten geregelt werden. Diese Dienstordnung bedarf der Bestätigung durch das Reichs-Versicherungsamt.

Die Gehälter der Beamten werden im Einzelnen durch den Haushaltsplan der Genossenschaft festgestellt.[1])

§ 48.

[1]) Der § 48 ist neu; er ist identisch mit GUVG. § 48. Er ist erst bei der dritten Berathung auf Antrag des Abg. Roesicke als § 33b in das Gesetz aufgenommen worden (s. Sten. Ber. S. 5808), vgl. Note 3 zu § 37.

Abschätzung. Gefahrenklassen.

§. 49.[1])

Für jedes Fahrzeug, mit Ausnahme der in Schlepper- und Leichterbetrieben verwendeten Fahrzeuge, wird die durchschnittliche Zahl derjenigen Seeleute abgeschätzt, welche als Besatzung desselben erforderlich sind.[2]) Die Abschätzung erfolgt nach Klassen (§. 10) auf Grund des Handbuchs für die deutsche Handelsmarine und der nach §§. 21, 22 des Gesetzes vom 13. Juli 1887 (Reichs-Gesetzbl.

S. 329) bei Errichtung der Berufsgenossenschaft aufgestellten Unternehmerverzeichnisse sowie der gemäß §. 62 zu berücksichtigenden Veränderungen.[3])

§ 49.

[1]) Der § 49 tritt nach § 25 des Mantelgesetzes erst am 1. Januar 1902 in Kraft. Es behält daher zunächst noch sein Bewenden bei dem alten § 34, welcher lautet:

„Für jedes Fahrzeug wird die durchschnittliche Zahl derjenigen Seeleute abgeschätzt, welche als Besatzung desselben erforderlich sind. Die Abschätzung erfolgt auf Grund des Handbuch für die deutsche Handelsmarine und der Verzeichnisse (§§ 21 und 22) nach Klassen (§ 6)."

[2]) **Satz 1**, wozu es in der a. Begr. S. 48 ff. heißt: „Für die Aufbringung der Beträge soll auch hier das Risiko maßgebend sein, mit welchem jeder Betrieb die Genossenschaft belastet. Das Risiko findet seinen Ausdruck zunächst in der Zahl und Beschäftigungsdauer der der Unfallgefahr ausgesetzten Personen" (vgl. § 104). Aus praktischen Erwägungen ist aber, soweit es sich um Seeleute handelt, davon Abstand genommen, jedesmal die konkreten Zahlen festzustellen, sondern vorgezogen, die Zahl der der Unfallversicherung unterliegenden Personen nach objektiven Kriterien zu ermitteln und zwar (in Anlehnung an das Gesetz betr. die Versicherung der in land- und forstwirthschaftlichen Betrieben beschäftigten Personen, vom 5. Mai 1886) dadurch, daß „der Bedarf eines jeden Fahrzeuges an Bemannung abzuschätzen" (worüber s. Satz 2) und diese Abschätzung der Umlegung zu Grunde zu legen sei.

Das ist der einzige obligatorische Maßstab für die Belastung der einzelnen Rheder. Wegen der fakultativen Berücksichtigung anderer für das Risiko bedeutsamer Umstände s. § 50.

Eine Neuerung ist die Ausnahme der in Schlepper- und Leichterbetrieben verwendeten Fahrzeuge. Sie beruht auf einem Antrage der Abgg. Dr. Lehr und Hofmann (Drucksache Nr. 789[1]), welcher in der zweiten Berathung vom Reichstage angenommen wurde (Sten. Ber. S. 5518). Es handelt sich dabei nur um eine Konsequenz aus dem schon durch die n. RK. hinzugefügten Absatz 5 des § 10.

[3]) **Satz 2** ist sachlich nicht geändert. Die Abschätzung soll nach den Klassen des § 10 erfolgen. Als Material sollen der Seeberufsgenossenschaft dienen: a) das vom Reichsamt des Innern herausgegebene „Handbuch für die deutsche Handelsmarine", welches über die in das Schiffsregister eingetragenen Schiffe unterrichtet; b) die bei der Constituirung der Seeberufsgenossenschaft dieser auf Grund der jetzt aufgehobenen (s. Note 1 zu § 37) §§ 21, 22 des alten SUVG. eingereichten Unternehmerverzeichnisse (vgl. n. Begr. S. 147 ob.); c) die seitdem gemachten Mittheilungen von Veränderungen, s. § 62.

§. 50.

Durch das Statut kann bestimmt werden, daß für die zur Genossenschaft gehörenden Betriebe je nach der Größe der mit denselben verbundenen Unfallgefahr entsprechende Gefahrenklassen zu bilden und über die Höhe der in denselben zu leistenden Beiträge Bestimmungen zu treffen sind (Gefahrentarif). Wenn das Statut solche Bestimmungen enthält, so muß dasselbe auch über das bei der Veranlagung zu den Klassen des Gefahrentarifs einzuschlagende Verfahren Vorschriften treffen. Die Aufstellung und Abänderung des Gefahrentarifs liegt der Genossenschaftsversammlung ob; sie kann jedoch diese Befugnisse einem Ausschuß oder dem Vorstand übertragen.[1])

§ 50.

[1]) § 50 giebt den alten § 35 unverändert wieder. — Während nach dem GUVG. § 49 (und schon nach dem UVG. § 28) die Vertheilung der Betriebe auf Gefahrenklassen erfolgt, hat das SUVG. — den Wünschen der Interessenten folgend — davon Abstand genommen, Gefahrenklassen obligatorisch vorzuschreiben. Dagegen erschien es nicht angebracht, die Berücksichtigung weiterer das Risiko beeinflussender Umstände gesetzlich geradezu auszuschließen, weshalb der Berufsgenossenschaft die Befugniß eingeräumt ist, Gefahrenklassen zu bilden (vgl. a. Begr. S. 63).

Von dieser Befugniß ist bislang kein Gebrauch gemacht worden.

§. 51.

Der Gefahrentarif bedarf der Genehmigung des Reichs-Versicherungsamts.

Derselbe ist mindestens von fünf zu fünf Rechnungsjahren unter Berücksichtigung der vorgekommenen Unfälle durch den Genossenschaftsvorstand einer Revision zu unterziehen. Ist die Abänderung des Tarifs dem Vorstande nicht übertragen, so hat dieser die Ergebnisse der Revision mit dem Verzeichnisse der vorgekommenen, auf Grund dieses Gesetzes zu entschädigenden Unfälle der Genossenschaftsversammlung oder, sofern ein Ausschuß zuständig ist, dem letzteren zur Beschlußfassung über die Beibehaltung oder Aenderung der bisherigen Tarife und Bestimmungen vorzulegen (§. 50). Die über die Abänderung gefaßten Beschlüsse bedürfen zu ihrer Gültigkeit der Genehmigung des Reichs-Versicherungsamts; demselben ist das Verzeichniß der vorgekommenen Unfälle vorzulegen.[1])

§ 51.

[1]) Der § 51 ist der unveränderte alte § 36, nur daß eine auf die ersten zwei Jahre des Bestehens der Seeberufsgenossenschaft bezügliche Bestimmung als erledigt gestrichen ist.

§. 52.

Die Abschätzung der Fahrzeuge (§. 49) sowie die Veranlagung der Betriebe zu den Gefahrenklassen (§. 50) liegt nach näherer Bestimmung des Statuts den Organen der Genossenschaft ob.

Regelmäßige Revisionen der Abschätzung und Veranlagung finden in denjenigen Terminen statt, in welchen der Gefahrentarif zu revidiren ist (§. 51). Hierbei ist in derselben Weise wie bei der ersten Abschätzung und Veranlagung zu verfahren.

Die Mitglieder der Genossenschaft sind verpflichtet, den Organen derselben auf Erfordern binnen zwei Wochen diejenige Auskunft zu ertheilen, welche für die Durchführung der Abschätzung oder Veranlagung erforderlich ist. Dasselbe gilt von den Korrespondentrhedern und Bevollmächtigten (§. 33) sowie von dem Führer des betreffenden Fahrzeugs.[1])

§ 52.

[1]) Der § 52 entspricht dem alten § 37, jedoch ist dessen Absatz 2: „die Organe der Berufsgenossenschaft sind jederzeit berechtigt, die Abschätzung und Veranlagung einer Revision zu unterziehen", als zu weitgehend von der neuen Vorlage gestrichen worden. Dafür hat der § 53 einen Zusatz erhalten (s. Note 2 dort).

§. 53.

Jedem Mitgliede der Genossenschaft ist, sofern eine Veranlagung zu Gefahrenklassen stattgefunden hat, diese Veranlagung (§.52), jedem Rheder aber das Ergebniß der Abschätzung seiner Schiffahrtsbetriebe (§.49) mitzutheilen. Gegen die Veranlagung beziehungsweise Abschätzung steht den Betheiligten binnen einer Frist von zwei Wochen nach der Mittheilung des Ergebnisses die Beschwerde an das Reichs-Versicherungsamt zu.[1]) Nach der Veranlagung kann die Genossenschaft einen Betrieb während der Tarifperiode neu veranlagen, wenn die vorige Veranlagung auf unrichtigen Angaben des Betriebsunternehmers beruht. Auf die erneute Veranlagung finden die für die vorige Veranlagung maßgebenden Vorschriften Anwendung. Das Gleiche gilt von der Abschätzung der Betriebe.[2])

§ 53.

[1]) **Satz 1 u. 2** geben den alten § 38 wieder (vgl. GUVG. § 49 Absatz 4 Satz 1).

Der Betheiligte hat danach ein Beschwerderecht gegen seine Veranlagung zu einer Gefahrenklasse (§§ 50, 52), nicht aber etwa auch gegen die Abgrenzung der Gefahrenklassen. Insofern schützt ihn nur die durch § 51 Abs. 1 vorgesehene Mitwirkung des Reichs-Versicherungsamtes.

[2]) **Satz 3 bis 5** entsprechen dem GUVG. § 49 Abs. 4 Satz 3 u. 4. Dadurch ist der Absatz 2 des früheren § 37 ersetzt (s. N. 1 zu § 52; n. Begr. S. 147). Wenn es in der n. Begr. zu GUVG. S. 77 heißt: „Die Einschätzung der Betriebe in die Klassen des Gefahrentarifs wird in einem an Fristen gebundenen Verfahren, welches für die Dauer der Tarifperiode formales Recht zwischen Genossenschaft und Unternehmer schafft, abgeschlossen. Soweit nicht Aenderungen des Tarifs oder des Betriebes erfolgen, steht die Veranlagung des letzteren für die Tarifperiode unabänderlich fest" (weshalb jetzt die Ausnahme für den Fall unrichtiger Angaben getroffen ist) — so gilt dies gleicherweise für die Abschätzung der Schiffahrtsbetriebe (§ 49). Vgl. auch § 107 Abs. 3.

Zuschläge und Nachlässe.

§. 54.

Die Genossenschaftsversammlung kann auf Antrag des Vorstandes einzelnen Unternehmern nach Maßgabe der auf ihren Fahrzeugen vorgekommenen Unfälle für die nächste Periode (§. 51) oder einen Theil derselben Zuschläge auferlegen oder Nachlässe bewilligen. Gegen die Auferlegung von Zuschlägen steht dem Unternehmer binnen zwei Wochen nach der Zustellung des dieselben festsetzenden Beschlusses die Beschwerde an das Reichs-Versicherungsamt zu.[1])

§ 54.

[1]) Der § 54 giebt den alten § 39 unverändert wieder. Von der Befugniß des § 54 ist bislang kein Gebrauch gemacht worden.

Besondere Belastung einzelner Reisen.

§. 55.

Durch das Statut kann bestimmt werden, daß bei besonders gefährlicher Ladung, oder bei Reisen in besonders gefährlichen Gewässern oder Jahreszeiten für die Dauer dieser Reisen höhere Beiträge zu zahlen sind. Wenn das Statut eine solche Bestimmung enthält, so hat die Genossenschaftsversammlung über die Grundsätze, nach welchen die Beitragserhöhungen erfolgen sollen, sowie über die Anmeldung und Feststellung derjenigen Thatsachen, welche für die Auferlegung der Beitragserhöhung von Erheblichkeit sind, Vorschriften zu erlassen.

Durch Beschluß der Genossenschaftsversammlung kann der Erlaß dieser Vorschriften einem Ausschuß oder dem Vorstand übertragen werden.

Die Vorschriften bedürfen der Genehmigung des Reichs-Versicherungsamts und sind von Zeit zu Zeit zu revidiren. Auf die Revision finden die Bestimmungen des §. 51 entsprechende Anwendung.[1])

§ 55.

[1]) Der § 55 giebt den alten § 40 unverändert wieder. Das Statut hat bislang eine derartige Bestimmung nicht aufgenommen.

§. 56.

Die Erhöhung der Beiträge für einzelne Reisen erfolgt nach näherer Bestimmung des Statuts durch die Organe der Genossenschaft nach Verhältniß der in jedem Rechnungsjahre zurückgelegten Reisen. Die Mitglieder der Genossenschaft, Korrespondentrheder und Bevollmächtigten sowie die Schiffsführer sind nach Maßgabe des §. 52 Abs. 3 verpflichtet, den Organen der Genossenschaft die für die Erhöhung der Beiträge erforderliche Auskunft zu ertheilen.

Die Auferlegung höherer Beiträge für einzelne Reisen kann im Wege des Widerspruchs gegen die Festsetzung der Beiträge angefochten werden (§. 108); die vorläufige Zahlung wird aber dadurch nicht aufgehalten.[1])

§ 56.

[1]) Der § 56 giebt den alten § 41 unverändert wieder, zu dem die a. Begr. S. 64 bemerkt: „Die Feststellung der bleibenden Grundlagen für die Beitragsberechnung, nämlich die Abschätzung des Bedarfs an Mannschaften, sowie eventuell die Veranlagung der einzelnen Betriebe zu den Gefahrenklassen, können unabhängig von der Be-

schwerde über die Höhe der einzelnen Jahresbeiträge mit einer Beschwerde an das Reichs-Versicherungsamt angefochten werden [§ 53]; die Beschwerde an das Reichs-Versicherungsamt wegen Anwendung der Grundsätze über die Beitragserhöhungen auf den einzelnen Fall [§ 56] soll dagegen nur gleichzeitig mit dem Widerspruch und der Beschwerde über die Höhe der einzelnen Jahresbeiträge, welche für das Jahr, in dem die Reise stattgefunden hat, durch derartige Zuschläge vermehrt werden [§ 108], zulässig sein."

Auflösung der Berufsgenossenschaft.

§. 57.

Wenn die Berufsgenossenschaft zur Erfüllung der ihr durch dieses Gesetz auferlegten Verpflichtungen leistungsunfähig wird, so ist sie auf Antrag des Reichs-Versicherungsamts von dem Bundesrath aufzulösen. Mit der Auflösung der Genossenschaft gehen deren bisher erwachsene Rechtsansprüche und Verpflichtungen auf das Reich über; die Abwickelung der Geschäfte erfolgt durch die Organe der aufgelösten Genossenschaft unter Kontrole des Reichs-Versicherungsamts.[1])

§ 57.

[1]) § 57 giebt den alten § 42 unverändert wieder. Aehnlich GUVG. § 54. —

Vorschriften, wie sie das GUVG. in den §§ 50—53 über die Theilung des Risikos unter die einzelnen Sektionen und über das Zusammenwirken mehrerer Berufsgenossenschaften enthält, haben in dem SUVG. keine Aufnahme gefunden (vgl. a. Begr. S. 64).

III. Mitgliedschaft des einzelnen Betriebs. Veränderungen.

Mitgliedschaft.

§. 58.[1])

Mitglied der Genossenschaft ist, vorbehaltlich der Bestimmungen der §§. 129, 158, jeder Unternehmer eines unter §. 1 fallenden Betriebs. Die Mitgliedschaft beginnt, soweit sie nicht bereits auf Grund des Gesetzes, betreffend die Unfallversicherung der Seeleute und anderer bei der Seeschiffahrt betheiligter Personen, vom 13. Juli 1887 (Reichs-Gesetzbl. S. 329) besteht, mit der Eröffnung des Betriebs.[2])

Von Vermessungen und Eintragungen neuer Fahrzeuge haben die Schiffsregister- und Schiffsvermessungsbehörden dem Genossenschaftsvorstande, von der Eröffnung anderer unter §. 1 fallender Betriebe haben deren Unternehmer den unteren Verwaltungsbehörden und diese dem Genossenschaftsvorstande Mittheilung zu machen.[3])

Stimmberechtigt sind alle Mitglieder der Genossenschaft beziehungsweise deren gesetzliche Vertreter, sofern sie sich im Besitze der bürgerlichen Ehrenrechte befinden. Ueber den Umfang und die Ausübung des Stimmrechts hat das Statut Bestimmungen zu treffen; jedoch ist bei Bemessung der Stimmen der Rheder die durch Abschätzung (§. 49) festgestellte Personenzahl zu Grunde zu legen.[4])

§ 58.

[1]) Der § 58 giebt den alten § 43 wieder, nur daß im Absatz 1 noch auf den neuen § 158 verwiesen und daß ferner berücksichtigt ist, daß die Seeberufsgenossenschaft schon existirt.

[2]) **Absatz 1** stellt das dem GUVG. § 55 konforme Prinzip auf, daß ein Unternehmer durch Eröffnung eines versicherungspflichtigen Betriebs damit kraft Gesetzesvorschrift Mitglied der betreffenden Berufsgenossenschaft wird.

[3]) **Absatz 2.** „Der Anmeldung neuer Betriebe durch den Betriebsunternehmer bedarf es nur für solche unter" das SUVG. „fallenden Betriebe, welche nicht Seeschifffahrtsbetriebe sind. Bei letzteren können Mittheilungen der Schiffsregister- und Schiffsvermessungsbehörden, welche nach den bestehenden gesetzlichen Vorschriften von allen neuen Seefahrzeugen Kenntniß erhalten müssen, die Anmeldung ersetzen" (a. Begr. S. 65). Die diesen Behörden durch solche Mittheilungen erwachsenden Kosten haben sie selbst zu tragen (RVA., Handbuch N. 1 zu § 43).

[4]) **Absatz 3.** Das Gesetz hat einen Maßstab für die Bemessung der Stimmen nur für die Rheder festgelegt. Im Uebrigen entscheidet das Statut.

Kataster.

§. 59.

Der Genossenschaftsvorstand hat auf Grund des Verzeichnisses deutscher Kauffahrteischiffe in der neuesten Ausgabe des Handbuchs für die deutsche Handelsmarine, auf Grund der von dem Reichs-

Versicherungsamte gemäß §. 22 des Gesetzes vom 13. Juli 1887 (Reichs-Gesetzbl. S. 329) ihm mitgetheilten Verzeichnisse der Unternehmer und auf Grund der nach §. 58 ihm zugehenden Mittheilungen über die Eröffnung neuer Betriebe ein Genossenschaftskataster zu führen.

Die Aufnahme der einzelnen Genossen in das Kataster erfolgt nach vorgängiger Prüfung ihrer Zugehörigkeit zur Genossenschaft.

Den in das Kataster aufgenommenen Genossen werden vom Genossenschaftsvorstande durch Vermittelung der unteren Verwaltungsbehörde Mitgliedscheine zugestellt. Ist die Genossenschaft in Sektionen eingetheilt, so muß der Mitgliedschein die Sektion, welcher der Betrieb angehört, bezeichnen. Wird die Aufnahme in das Kataster verweigert, so ist hierüber ein mit Gründen versehener Bescheid durch Vermittelung der unteren Verwaltungsbehörde dem Betriebsunternehmer zuzustellen.[1])

§ 59.

Der § 59 giebt den alten § 44 Absatz 1—3 wieder unter Hinweis auf die nach § 22 des alten Gesetzes mitzutheilenden, jetzt aber schon „mitgetheilten" Verzeichnisse. Vgl. Note 3 zu § 49.

Die Führung eines solchen Genossenschaftskatasters war schon im UVG. § 37 vorgeschrieben und findet sich ebenso im GUVG. § 58. Die Mitgliedscheine sind Auszüge aus dem Kataster. Sie haben keine selbstständige Bedeutung. Dagegen hat die Kastastereintragung eine formell-rechtlich bindende Bedeutung, denn damit ist die Zugehörigkeit des Eingetragenen zu dem versicherungspflichtigen Betrieb zu seinen Lasten, aber auch zu seinem Vortheil festgestellt, so lange die Eintragung besteht (vgl. RVA. im Handbuch N. 8 ff. zu UVG. § 37). Deshalb die Vorschriften in § 59 Abs. 2 u. 3 und § 60.

§. 60.

Gegen die Aufnahme in das Kataster sowie gegen die Ablehnung derselben steht dem Unternehmer binnen einer Frist von zwei Wochen nach erfolgter Zustellung des Mitgliedscheins beziehungsweise des ablehnenden Bescheids die Beschwerde an das Reichs-Versicherungsamt zu. Dieselbe ist bei der unteren Verwaltungsbehörde einzulegen.

Wird gegen einen ablehnenden Bescheid von dem Unternehmer innerhalb der angegebenen Frist Beschwerde nicht erhoben, so kann die untere Verwaltungsbehörde den Fall dem Reichs-Versicherungsamte zur Entscheidung vorlegen. Auf Antrag der Berufsgenossenschaft hat sie von dieser Befugniß Gebrauch zu machen.[1])

§ 60.

[1]) Der § 60 — welcher übereinstimmt mit GUVG. § 59 Abs. 1 Satz 1 u. 2, Abs. 2 — giebt den alten § 44 Abs. 4 u. 5 wieder, jedoch ist letzterer dahin abgeändert, daß die untere Verwaltungsbehörde die Entscheidung des Reichs-Versicherungsamtes nicht mehr ein-

zuholen hat, sondern dies nur **kann** und nur dann **muß**, wenn die Genossenschaft es beantragt (vgl. n. Begr. z. GUVG. § 37, S. 78—79).

§. 61.

Den Sektionsvorständen sind Auszüge aus dem Kataster, soweit dasselbe die zu ihren Sektionen gehörenden Genossen betrifft, mitzutheilen.[1])

Auf jedem Fahrzeug und in jedem sonstigen versicherten Betrieb ist durch einen Aushang seitens des Betriebsunternehmers bekannt zu machen, welcher Sektion das Fahrzeug oder der Betrieb angehört und welches die Adresse des Vorstandes der Berufsgenossenschaft und der Sektion ist.[2])

§ 61.

[1]) **Absatz 1** giebt den alten § 44 Abs. 6 wieder. Ebenso GUVG. § 60 Abs. 1.

[2]) **Absatz 2** ist eine Neuerung, welche dem GUVG. § 56 Abs. 3 Satz 1 entspricht (vgl. a. Begr. S. 147).

Veränderungen.

§. 62.[1])

Die Schiffsregisterbehörden sind verpflichtet, alle Veränderungen und Löschungen im Schiffsregister dem Genossenschaftsvorstande mitzutheilen.

Bezüglich solcher unter §. 1 fallender Fahrzeuge, welche im Schiffsregister nicht eingetragen sind, haben die Rheder, Korrespondentrheder und Bevollmächtigten (§. 33) binnen einer durch das Statut festzusetzenden Frist den Verlust des Fahrzeugs (§. 106 Abs. 3), Aenderungen in der Person und der Nationalität der Rheder oder Mitrheder, ferner Veränderungen des Heimathshafens, des Namens, der Gattung und der Größe des Fahrzeugs dem Genossenschaftsvorstand anzuzeigen. Ist diese Anzeige oder die nach §. 14 des Gesetzes, betreffend das Flaggenrecht der Kauffahrteischiffe, vom 22. Juni 1899 (Reichs-Gesetzbl. S. 319) vorgeschriebene Anzeige an die Registerbehörde nicht erfolgt, so haftet für die auf die Genossenschaftsmitglieder umzulegenden Beiträge der in das Kataster eingetragene Rheder oder Mitrheder. Die Haftung umfaßt noch dasjenige Rechnungsjahr, in welchem die Anzeige erfolgt. Der neue Rheder wird hierdurch von der auch ihm gesetzlich obliegenden Haftung für die Beiträge nicht entbunden.[1])

Binnen der gleichen Frist und zur Vermeidung derselben Rechtsnachtheile haben die Unternehmer der übrigen unter §. 1 fallenden Betriebe einen Wechsel in der Person desjenigen, für dessen Rechnung der Betrieb erfolgt, sowie Aenderungen des Betriebs, welche für die Zugehörigkeit zur Genossenschaft von Bedeutung sind, dem Genossenschaftsvorstand anzuzeigen.[3])

§ 62.

[1]) Der § 62 giebt den alten § 45 wieder, nur daß jetzt auf das neue Flaggengesetz verwiesen ist, und daß Abs. 2 Satz 3 entsprechend dem GUVG. § 60 Abs. 2 Satz 3 neu gefaßt ist (vgl. Drucksache Nr. 703a S. 4481).

[2]) **Absatz 1 u. 2.** Soweit Schiffe in das Schiffsregister eingetragen sind, sind wieder (vgl. § 58 Abs. 2) nicht die Rheder, sondern die Schiffsregisterbehörden zur Anzeige an die Genossenschaft verpflichtet. Die Schiffsregisterbehörden können dem aber nur nachkommen, wenn vorgängig ihnen von den Verpflichteten die erforderlichen Anzeigen gemacht sind gemäß § 14 des Flaggengesetzes. Ist dem nicht genügt und deshalb keine Anzeige Seitens der Registerbehörde an die Genossenschaft gemacht, so hat das für die Seeunfallversicherung dieselben Folgen, wie wenn es sich um ein nicht eingetragenes Schiff handelt und der Rheder der alsdann ihm obliegenden Anzeigepflicht an die Genossenschaft nicht nachgekommen ist. Die Folge ist die Forthaftung des bisherigen Rhedersr d. h., wie es in GUVG. § 60 Abs. 2 Satz 2 wohl genaues ausgedrückt ist: die Beiträge werden von dem in das Kataster Eingetragenen forterhoben.

[3]) **Absatz 3** entspricht dem GUVG. § 61 Abs. 1 Satz 1 i. V. m. § 60 Abs. 2 (vgl. a. Begr. S. 65 unt.).

§. 63.

Erachtet der Vorstand der Genossenschaft in Folge dieser Mittheilung oder Anzeige (§. 62) oder ohne den Empfang einer solchen von Amtswegen die Zugehörigkeit des Betriebs zur Genossenschaft für erloschen oder die Ueberweisung des Betriebs an eine andere Genossenschaft für geboten, so theilt er dies unter Angabe der Gründe dem Betriebsunternehmer durch Vermittelung der unteren Verwaltungsbehörde sowie dem Vorstande der betheiligten anderen Genossenschaft mit. Sowohl der Letztere als auch der Betriebsunternehmer können innerhalb eines Monats gegen die Löschung beziehungsweise die Ueberweisung bei dem Genossenschaftsvorstande (§. 41) Widerspruch erheben.

Wird innerhalb dieser Frist kein Widerspruch erhoben, so erfolgt die Löschung beziehungsweise Ueberweisung an die andere Berufsgenossenschaft.

Wird gegen die Löschung oder Ueberweisung Widerspruch erhoben oder beansprucht der Vorstand einer anderen Genossenschaft unter dem Widerspruche des Unternehmers oder des Vorstandes der Genossenschaft, welcher der Betrieb bisher angehörte, die Ueberweisung des letzteren, so hat der Vorstand der Genossenschaft (§. 41) die Entscheidung des Reichs-Versicherungsamts zu beantragen. Dasselbe entscheidet nach Anhörung des betheiligten Betriebsunternehmers sowie der Vorstände der betheiligten Genossenschaften.

Wird dem Antrag auf Ueberweisung stattgegeben, so tritt die Aenderung in der Zugehörigkeit zur Genossenschaft von dem Tage ab in Wirksamkeit, an welchem der Antrag dem betheiligten Genossenschaftsvorstande zugestellt ist.[1])

§ 63.

[1]) Der § 63 giebt den alten § 46 wieder mit der einzigen Aenderung, daß im Abs. 1 die Widerspruchsfrist auf einen Monat, statt früher auf vier Wochen, festgesetzt ist. — Der § 63 entspricht dem GUVG. § 61, abgesehen von dessen erstem Satz.

Ueberweisungen an eine andere Genossenschaft werden wohl nur dann vorkommen, wenn mit einem Fahrzeug, mit welchem bislang Seeschiffahrt betrieben wurde, ein Binnenschiffahrtsbetrieb eröffnet wird (vgl. a. Begr. S. 65).

§. 64.

Aenderungen, welche für die Abschätzung des Betriebs (§. 49) von Bedeutung sind, sind nach näherer Bestimmung des Statuts anzumelden (§. 37 Ziffer 6).

Ueber die Anmeldung von Aenderungen, welche für die Veranlagung des Betriebs zu den Gefahrenklassen (§. 50) von Erheblichkeit sind, hat die Genossenschaftsversammlung Bestimmung zu treffen, sofern ein Gefahrentarif aufgestellt wird. Durch Beschluß der Genossenschaftsversammlung kann der Erlaß dieser Bestimmungen dem Vorstand oder dem Ausschuß übertragen werden, welchem die Aufstellung und Aenderung des Gefahrentarifs obliegt.

Gegen den auf die Anmeldung der Aenderung zu ertheilenden Bescheid des zuständigen Genossenschaftsorgans steht dem betheiligten Mitgliede der Genossenschaft binnen einer Frist von zwei Wochen die Beschwerde an das Reichs-Versicherungsamt zu.[1])

§ 64.

[1]) Der § 64 giebt den alten § 47 unverändert wieder. Vgl. GUVG. § 62.

IV. Feststellung und Auszahlung der Entschädigung.

Anzeige und Untersuchung der Unfälle.

§. 65.[1])[2])

Jeder Unfall, durch welchen eine auf dem Fahrzeuge beschäftigte Person auf der Reise getödtet wird, oder eine Körperverletzung erleidet, die eine völlige oder theilweise Arbeitsunfähigkeit von mehr als drei Tagen oder den Tod zur Folge hat, ist in das Schiffsjournal (Tagebuch, Loggbuch) einzutragen und in dem letzteren oder einem besonderen Anhange zu demselben kurz zu beschreiben.

Ist ein Journal nicht zu führen, so hat der Schiffsführer eine besondere Nachweisung über die an Bord sich ereignenden Unfälle, welche die im Abs. 1 bezeichneten Folgen haben, zu führen.[3])

Von jeder Eintragung eines Unfalls, welchen eine auf dem Fahrzeuge beschäftigte Person auf der Reise erleidet, hat der Schiffsführer dem Seemannsamte, bei welchem es zuerst geschehen kann, eine von ihm beglaubigte Abschrift zu übergeben. Statt dessen kann das Journal oder die Nachweisung dem Seemannsamte zur Entnahme einer Abschrift der Eintragung vorgelegt werden. Das Seemannsamt hat das Journal oder die Nachweisung binnen vierundzwanzig Stunden zurückzugeben.[4])

Ereignete sich der Unfall im Inlande vor Antritt oder nach Beendigung der Reise, so hat der Schiffsführer binnen zwei Tagen nach dem Tage, an welchem er von dem Unfalle Kenntniß erlangt hat, dem Seemannsamt oder, falls ein solches am Orte des Unfalls nicht vorhanden ist, der Ortspolizeibehörde und dem durch das Statut zu bestimmenden Genossenschaftsorgane von dem Unfall Anzeige zu machen.[5])

Das Seemannsamt beziehungsweise die Ortspolizeibehörde hat diese Abschriften und Anzeigen dem Seemannsamte des Heimathshafens zu übersenden.[4])

§ 65.

[1]) **Vorbemerkung zu den §§ 65—67.** Hier wird das **Unfallmeldewesen** geregelt. Dabei wird unterschieden, ob es sich um Seeleute (§ 65) oder um sonstige Versicherte (§ 66) handelt. Bei den Seeleuten wird wieder unterschieden, ob der Unfall auf der Reise (§ 65 Abs. 1—3) oder im Inland vor oder nach der Reise (§ 65 Abs. 4) sich ereignet. Bei den anderen Betrieben

kommt es darauf an, ob sie unter Staatsverwaltung stehen (§ 66 Abs. 2) oder nicht (§ 66 Abs. 1).

[2]) Der § 65 giebt den alten § 57 wieder mit der Neuerung, daß im Absatz 1 vor „Arbeitslosigkeit" zwecks Abschneidung etwaiger Zweifel „völlige oder theilweise" gesetzt ist (ebenso GUVG. § 63 Abs. 1), und daß laut Absatz 4 noch „dem durch das Statut zu bestimmenden Genossenschaftsorgan" Anzeige vom Unfall zu machen ist, damit die Genossenschaft baldmöglichst orientirt ist (ebenso GUVG. § 63 Abs. 1).

[3]) **Journal** s. HGB. § 520. Nach HGB. § 521 kann landesgesetzlich kleineren Fahrzeugen die Führung eines Journals erlassen werden. Das SUVG. § 65 macht aber die Aufzeichnung der Unfälle für alle Schiffe obligatorisch.

[4]) **Schiffsführer** soll bezeichnen den Schiffer und denjenigen, auf welchen im Falle der Behinderung des Schiffers die Führung des Schiffes übergegangen ist (a. Begr. S. 68). Vgl. HGB. § 516, SO. § 2. — Durch die Mittheilungen des Schiffsführers schon während der Reise an das Seemannsamt — welches sie nach Abs. 5 dem Seemannsamt des Heimathshafens (vgl. N. 2 zu § 33) zu übersenden hat — soll verhindert werden, daß etwa mit dem Untergang des Schiffes und des Journals das Material verloren geht (vgl. a. Begr. S. 68).

[5]) Die **Anzeigefrist** beträgt hier zwei Tage, entsprechend dem UVG. § 51 Abs. 2, während sie im GUVG. § 63 Abs. 2 auf drei Tage erstreckt ist (s. n. Begr. S. 80). Die n. Begr. z. SUVG. sagt nichts über diese Differenz.

Daß die Anzeige schriftlich gemacht werden muß — wie es im UVG. § 51 Abs. 1 und GUVG. § 63 Abs. 1 heißt — ist hier nicht gesagt (vgl. § 164 „schriftlich oder mündlich").

§. 66.[1])

Die Unternehmer der übrigen unter §. 1 fallenden Betriebe haben binnen der im §. 65 Abs. 4 bezeichneten Frist von den in ihren Betrieben sich ereignenden Unfällen, welche die im §. 65 Abs. 1 bezeichneten Folgen haben, bei der Ortspolizeibehörde, in deren Bezirke sich der Unfall ereignet hat, Anzeige zu machen.[2]) Für den Betriebsunternehmer kann derjenige, welcher zu Zeit des Unfalls den Betrieb oder den Betriebstheil, in welchem sich der Unfall ereignete, zu leiten hatte, die Anzeige erstatten; im Falle der Abwesenheit oder Behinderung des Betriebsunternehmers ist er dazu verpflichtet.

Die Vorstände der unter Reichs- oder Staatsverwaltung stehenden Betriebe haben die Anzeige der vorgesetzten Dienstbehörde nach näherer Anweisung derselben zu erstatten.

§ 66.

[1]) Der § 66 giebt den alten § 58 unverändert wieder. Vgl. die Note 1 zu § 65.

[2]) Wegen der **Anzeige** vgl. Note 4 zu § 65. — Warum nicht auch hier, wie in § 65 Abs. 4, entsprechend dem GUVG. § 63 Abs. 1, bestimmt ist, daß außer der Ortspolizeibehörde auch „dem durch das Statut zu bestimmenden Genossenschaftsorgane“ von dem Unfall Anzeige zu machen ist, ist nicht ersichtlich.

Wegen der Anzeige von Unfällen, welche sich in nicht unter Reichs- oder Staatsverwaltung stehenden Lootsen-,

Rettungs-, Beleuchtungs- u. s. w. Betrieben auf hoher See außerhalb des Bezirks einer inländischen Ortspolizeibehörde ereignen, s. Handbuch zu § 58 (Bek. des RVA. vom 16. Juni 1888, A. N. 1888 S. 242).

§. 67.

Das Formular für die Beschreibung der Unfälle (§. 65 Abs. 1), für die Nachweisung der Unfälle (§. 65 Abs. 2) und für die Unfallanzeige (§. 65 Abs. 4, §. 66 Abs. 1, 2) wird vom Reichs-Versicherungsamte festgestellt.[1])

§ 67.

[1]) Der § 67 giebt den alten § 59 unverändert wieder (vgl. GUVG. § 63 Abs. 4).

Vgl. dazu die Bekanntmachungen des RVA. vom 23. Decbr. 1887 (A. N. 1888 S. 8) und vom 1. Febr. 1894 (A. N. 1894 S. 123), ferner Reichsanzeiger vom 2. October 1900 Nr. 234 resp. A. N. 1900 S. 710. —

Hier folgte im alten Gesetz ein § 60 betreffend die Führung von Unfallverzeichnissen (vgl. UVG. § 52). Derselbe ist als entbehrlich in der neuen Vorlage gestrichen worden (s. n. Begr. z. GUVG. § 52 S. 80—81).

§. 68.[1])

Jeder Unfall, durch welchen eine versicherte Person getödtet ist oder eine Körperverletzung erlitten hat, die voraussichtlich einen Entschädigungsanspruch auf Grund dieses Gesetzes zur Folge haben wird, ist sobald als möglich, in den im §. 76b des Krankenversicherungsgesetzes und im

§. 15 dieses Gesetzes bezeichneten Fällen spätestens unmittelbar nach Eingang eines entsprechenden Ersuchens der Berufsgenossenschaft oder der betheiligten Krankenkasse, von einem Seemannsamt oder von einer Ortspolizeibehörde des Inlandes nach näherer Bestimmung der §§. 69 bis 73 einer Untersuchung zu unterziehen, durch welche festzustellen sind:

1. die Veranlassung und die Art des Unfalls;
2. die getödteten oder verletzten Personen;
3. die Art der vorgekommenen Verletzungen;
4. der Verbleib der verletzten Personen;
5. die Hinterbliebenen der durch den Unfall getödteten oder nach dem Unfalle verschollenen und die Angehörigen der durch den Unfall verletzten Personen, welche auf Grund dieses Gesetzes einen Entschädigungsanspruch erheben können;
6. die Höhe der Renten, welche der Verletzte etwa auf Grund der Unfallversicherungsgesetze oder des Invalidenversicherungsgesetzes bezieht.[2])

Auf Antrag des Vorstandes der Genossenschaft oder der Sektion oder der betheiligten Krankenkasse hat das Seemannsamt oder die Ortspolizeibehörde die Untersuchung auch dann vorzunehmen, wenn sie die Voraussetzung des ersten Absatzes nicht als gegeben ansieht.[3])

§ 68.

[1]) Der § 68 giebt den alten § 61 im Wesentlichen unverändert wieder, jedoch — in Anlehnung an den entsprechenden § 64 GUVG. — mit einigen Zusätzen: a) im Abs. 1 ist neu die Erwähnung der Fälle des KrVG. § 76 b und des § 15 SUVG.; b) Ziffer 5 ist ergänzt, Ziffer 6 ist neu; c) Absatz 2 ist neu.

[2]) **Absatz 1.** Die **Unfalluntersuchung** schafft regelmäßig erst die Unterlagen für die Entschädigungsverhandlungen. Diese Untersuchung liegt, soweit es sich um Seeleute handelt, den Seemannsämtern ob (nur ausnahmsweise der Polizei, s. § 69 Abs. 2 Satz 1); die Seeämter (vgl. § 73) damit zu betrauen, wurde nicht für opportun erachtet (vgl. a. Begr. S. 69). Im Uebrigen liegt die Untersuchung den inländischen Ortspolizeibehörden ob (s. aber § 69 Abs. 5).

Diese Behörden, welchen gemäß § 65 die Unfälle gemeldet werden, sollen sobald wie möglich die Erhebungen veranstalten, denn die Untersuchung „ist in allen Fällen eine dringliche und thunlichst zu beschleunigende Angelegenheit" (n. Begr. S. 81). Handelt es sich um die Fälle des KrVG. § 76 b oder des SUVG. § 15, so hat jetzt die Krankenkasse resp. die Berufsgenossenschaft das Recht, die Anstellung einer Untersuchung zu fordern, welche in diesen Fällen „spätestens nach Eingang des Ersuchens" vorzunehmen ist.

Ueber die Punkte, auf welche sich die Untersuchung zu richten hat, bestimmen die Ziffern 1 bis 6 das Nähere.

Die Kosten der Untersuchung hat das Seemannsamt resp. die Polizeibehörde zu tragen (n. Begr. S. 81, vgl.

Handbuch zu § 63 SUVG.), abgesehen von den Kosten für die Zuziehung von Sachverständigen (§ 70 Satz 3).

[3]) **Absatz 2.** Nach Absatz 1 sind nur solche Fälle zu untersuchen, bei denen voraussichtlich ein Entschädigungsanspruch entstanden sein wird. Nach Abs. 2 ist dies nicht zu prüfen, wenn Genossenschaft oder Krankenkasse die Untersuchung beantragen.

§. 69.[1])

Ist die Untersuchung im Auslande zu führen, so hat der Schiffsführer vor demjenigen deutschen Seemannsamte (Konsulat), vor welchem es zuerst geschehen kann, unter Zuziehung von zwei Schiffsoffizieren oder anderen glaubhaften Personen über die nach §. 68 festzustellenden Thatsachen eine eidesstattliche Erklärung abzugeben. Das Seemannsamt ist befugt, zur Feststellung des Sachverhalts auch andere als die von dem Schiffsführer zugezogenen Personen eidesstattlich zu vernehmen sowie sonstige Untersuchungsverhandlungen herbeizuführen.[2])

Ist die Untersuchung im Inlande zu führen, so ist dieselbe von dem Schiffsführer bei einem Seemannsamt oder, wo ein solches nicht vorhanden ist, bei einer Ortspolizeibehörde des Inlandes zu beantragen. Die angerufene Behörde hat die Untersuchung zu führen.[3])

Bei Unfällen in anderen unter §. 1 fallenden Betrieben, welche nicht Seeschiffahrtsbetriebe sind, erfolgt die Untersuchung durch diejenige Ortspolizeibehörde, an welche die Unfallanzeige (§. 66 Abs. 1) erstattet war.

Auf Antrag Betheiligter (§. 70) kann die höhere Verwaltungsbehörde die Untersuchung einem anderen Seemannsamt oder einer anderen Ortspolizeibehörde übertragen.

Bei den unter Reichs- oder Staatsverwaltung stehenden Betrieben hat die vorgesetzte Dienstbehörde die Untersuchung zu führen oder einer anderen Behörde zu übertragen.

Auf die Verpflichtung der Schiffsmannschaft zur Mitwirkung bei diesen Erklärungen und Verhandlungen finden die Bestimmungen des §. 33 der Seemannsordnung entsprechende Anwendung.[4])

§ 69.

[1]) Der § 69 giebt den alten § 62 unverändert wieder.

[2]) **Absatz 1.** Der Satz 1 legt dem Schiffsführer (vgl. N. 4 zu § 65) hier ähnliche Verpflichtungen auf, wie die die Verklarung regelnden §§ 522—525 HGB. (vgl. SUVG. § 71!). „Es bleibt dem Ermessen des Schiffsführers überlassen, diese eidesstattliche Erklärung vor demselben Seemannsamt abzugeben, an welches nach den Bestimmungen des § 65 die erste Nachricht von dem Unfall gelangen soll. Diese Vereinigung beider Handlungen ist indessen weder nothwendig noch immer ausführbar, zumal bei zahlreichen Verletzungen sich erst nachträglich herausstellen wird, ob die Unfalluntersuchung erforderlich ist oder nicht" (a. Begr. S. 69/70).

Seemannsämter im Ausland sind die Konsulate

des Deutschen Reichs (SO. § 4). — Ein Antrag im Satz 2 „verpflichtet" statt „befugt" zu sagen, ist abgelehnt worden (s. n. RK. S. 15).

[3]) **Absatz 2.** „Auch im Inlande kann der Schiffsführer wegen der Unfallversicherung nicht an eine bestimmte Behörde gewiesen werden, weil ihn die Interessen von Schiff und Ladung nöthigen können, den Ort, an welchem sich der Unfall zugetragen hat, bald zu verlassen. Es ist ihm daher freigestellt, die Eröffnung der Untersuchung, die aber nach § 68 „sobald als möglich" erfolgen muß, bei einer an sich zuständigen Behörde zu beantragen" (a. Begr. S. 70).

[4]) **Absatz 6.** Der § 33 SO. lautet:

„Der Schiffsmann ist verpflichtet, auf Verlangen bei der Verklarung mitzuwirken und seine Aussage eidlich zu bestärken.

Dieser Verpflichtung hat er gegen Zahlung der etwa erwachsenden Reise- und Versäumnißkosten nachzukommen, auch wenn der Heuervertrag in Folge eines Verlustes des Schiffes beendigt ist (§ 56)."

§. 70.

Zu den Untersuchungsverhandlungen (§. 69) sind, soweit dies ausführbar, der Verletzte beziehungsweise dessen Hinterbliebene oder ein von ihnen zu bestellender Vertreter, ein Vertreter der Genossenschaft und sonstige Betheiligte zu laden und auf Antrag des Betriebsunternehmers, des Schiffsführers oder des Vertreters der Genossenschaft Sachverständige zuzuziehen. Ist die Genossenschaft in Sektionen getheilt, oder sind von der Genossenschaft Vertrauensmänner bestellt, so kann die Mittheilung von der Einleitung der Untersuchung an den Sektionsvorstand beziehungsweise an den Vertrauensmann gerichtet werden. Die Kosten für die Zuziehung von Sachverständigen fallen der Genossenschaft zur Last.[1])

§ 70.

[1]) Der § 70 giebt den alten § 63 unverändert wieder. Es soll dadurch allen Betheiligten Gelegenheit gegeben werden, ihre Interessen bei der Unfalluntersuchung zu wahren (a. Begr. S. 70). Bei Untersuchungen im Ausland wird das allerdings oft nicht ausführbar sein.

Während es hier im Satz 2 „kann" heißt, heißt es in dem verwandten § 65 GUVG. „ist". — Die Krankenkassen sind hier, abweichend vom GUVG. § 65, nicht erwähnt.

§. 71.

Durch eine Verklarung (§§. 522 ff. des Handelsgesetzbuchs) wird die eidesstattliche Erklärung sowie die Unfalluntersuchung ersetzt, wenn bei der Verklarung den Bestimmungen der §§. 68, 70 genügt ist.[1])

§ 71.

[1]) Der § 71 giebt den alten § 64 sachlich unverändert wieder.

Durch diese Vorschrift soll die Zahl der Verhandlungen (vgl. § 69 Abs. 1, 6) vermindert werden. „Zwei verschiedene Verhandlungen sind hiernach insbesondere dann entbehrlich, wenn der Tod oder die schwere Verletzung von Personen der Schiffsbesatzung bei Gelegenheit eines dem Schiffe oder der Ladung zugestoßenen Unfalls eingetreten ist" (a. Begr. S. 71).

§. 72.

Beglaubigte Abschrift der Unfalluntersuchungsverhandlung (§. 69) oder Verklarung (§. 71) ist von der Behörde sobald als möglich dem Vorstande der Berufsgenossenschaft zu übersenden. Der Vorstand hat den Betheiligten auf ihren Antrag die Einsicht der Verhandlungen zu gestatten und gegen Erstattung der Schreibgebühren Abschrift zu ertheilen. Die Erstattung der Schreibgebühren kann erlassen werden.[1])

§ 72.

[1]) Der § 72 giebt den alten § 65 unverändert wieder. Jedoch ist in Uebereinstimmung mit GUVG. § 66 Satz 2 der Schlußsatz neu aufgenommen worden (vgl. n. Begr. S. 82 unt.).

§. 73.[1])

Die Bestimmungen des Gesetzes, betreffend die Untersuchung von Seeunfällen, vom 27. Juli 1877 (Reichs-Gesetzbl. S. 549) über die Verpflichtung der Gerichte, Hafenbehörden, Strandbehörden, Seemannsämter und Schiffsregisterbehörden, von den zu ihrer Kenntniß gelangenden Seeunfällen ungesäumt Anzeige zu machen (§. 14 a. a. O.), sowie über die Verpflichtung der deutschen Seemannsämter im Auslande, bei den zu ihrer Kenntniß gelangenden Seeunfällen diejenigen Ermittelungen und Beweiserhebungen vorzunehmen, welche keinen

Aufschub dulden (§. 15 a. a. O.), werden auf alle Unfälle erstreckt, welche die im §. 68 erwähnten Folgen haben.

Die Anzeigen (§. 14 des Gesetzes von 27. Juli 1877) sind bei Unfällen der letzteren Art, unbeschadet der bei Seeunfällen bestehenden Verpflichtung, einem zuständigen Seeamt Anzeige zu machen, an den Genossenschaftsvorstand zu richten.

Wenn nach Ablauf von sechs Monaten seit der Kenntniß von dem Unfall eine Benachrichtigung über die Einleitung einer Unfalluntersuchung nicht eingetroffen ist, so sind die Untersuchungsverhandlungen von dem Seemannsamte des Heimathshafens einzuleiten.[2])

§ 73.

[1]) Der § 73 giebt den alten § 66 unverändert wieder.

[2]) Diese Vorschrift „wird voraussichtlich zur Aufklärung des Sachverhalts bei Unfällen und in Folge dessen zur Erleichterung der der Genossenschaft obliegenden Verhandlungen über die Feststellung der Unfallentschädigungen, aber auch dazu beitragen, daß kein bei dem Unfall Verletzter ohne vorläufige Unterstützung bleibt. Denn der deutsche Konsul . . . (SO. § 4) wird durch derartige Ermittelungen über den Unfall in den Stand gesetzt, dafür Sorge zu tragen, daß nicht etwa die durch den Unfall verletzten Schiffsleute von dem Schiffsführer im Auslande zurückgelassen werden, bevor der letztere die durch §§ 71, 98 SO. gebotene Sicherstellung gegen den Eintritt der Hülfsbedürftigkeit geleistet hat" (a. Begr. S. 71).

Feststellung der Entschädigungen.

§. 74.[1])

Die Beschlußfassung über die Feststellung der Entschädigungen (§§. 8 bis 27) erfolgt:

1. sofern die Genossenschaft in Sektionen eingetheilt ist, durch den Vorstand der Sektion, wenn es sich handelt
   a) um die im §. 9 Abs. 1 Ziffer 1 bezeichneten Leistungen,
   b) um die für die Dauer einer voraussichtlich vorübergehenden Erwerbsunfähigkeit zu gewährende Rente,
   c) um das Sterbegeld,
   d) um die Aufnahme des Verletzten in eine Heilanstalt,
   e) um die den Angehörigen eines Verletzten für die Zeit seiner Behandlung in einer Heilanstalt zu gewährende Rente;
2. in allen übrigen Fällen durch den Vorstand der Genossenschaft.[2])

Zuständig ist die Sektion, in deren Bezirke der Heimathshafen desjenigen Fahrzeugs belegen ist, oder derjenige Betrieb seinen Sitz hat, bei welchem der Unfall sich ereignet hat.[3]) Das Genossenschaftsstatut kann bestimmen, daß die Feststellung in den Fällen des Abs. 1 Ziffer 1 und 2 durch ein anderes

Organ der Genossenschaft oder durch einen Ausschuß des Genossenschafts- oder Sektionsvorstandes oder durch besondere Kommissionen oder durch örtliche Beauftragte (Vertrauensmänner) zu bewirken ist.[4])

Soll auf Grund eines ärztlichen Gutachtens die Bewilligung einer Entschädigung abgelehnt oder nur eine Theilrente festgestellt werden, so ist vorher der behandelnde Arzt zu hören. Steht dieser zu der Genossenschaft in einem Vertragsverhältnisse, so ist auf Antrag ein anderer Arzt zu hören.[5])

§ 74.

[1]) Der § 74 Abs. 1 u. 2 giebt den alten § 67 Abs. 1 u. 2 wieder, jedoch mit mancherlei Neuerungen. Der Abs. 3 ist neu. — Der § 74 entspricht dem GUVG. § 69, doch weichen die Absätze 2 erheblich von einander ab.

Für diese Entschädigungsansprüche gegen die Berufsgenossenschaft ist natürlich der Rechtsweg ausgeschlossen (vgl. §§ 80, 81). Dagegen ist der Rechtsweg zulässig für Ansprüche gegen die Genossenschaft z. B. wegen schuldvoller Unterbringung des Versicherten in eine ungeeignete Heilanstalt (s. Reichsgericht XXXVI Nr. 11).

[2]) **Absatz 1.** Die Zuständigkeit des Sektionsvorstandes (vgl. N. 2 zu § 38) ist erweitert durch die Bestimmungen unter d und e (vgl. dazu § 17). Die Bestimmungen unter a und c sind, entsprechend dem § 9 Abs. 1 Nr. 1 und § 21 Abs. 1 Nr. 1, neu gefaßt. Für den Genossenschaftsvorstand verbleibt daher namentlich die Feststellung dauernder Renten (s. § 9 Abs. 1 Nr. 2, § 21 Abs. 1 Nr. 2). —

Ein Antrag, bei der Feststellung der Entschädigungen Vertreter der Versicherten hinzuzuziehen, ist von der n. RK. S. 16 abgelehnt worden.

³) **Absatz 2 Satz 1** war nöthig, um Zuständigkeitszweifel bei Unfällen im Ausland oder auf der Reise abzuschneiden (a. Begr. S. 71/72). — Heimathshafen s. N. 2 zu § 33.

⁴) **Absatz 2 Satz 2.** Hier sind, abweichend vom alten § 67, die Organe der Gesellschaft — womit nicht nur der Vorstand und die Genossenschaftsversammlung, sondern auch die Sektionsvorstände gemeint sind — den Ausschüssen, Kommissionen und Vertrauensmännern (vgl. § 38) gegenübergestellt. Da die Fälle „des Abs. 1 Ziffer 1 u. 2" alle Fälle umfassen, so hat solche Gegenüberstellung keinen rechten Sinn. Anders im GUVG. § 69 Abs. 2, wo aber auch die Fälle des Abs. 1 Ziffer 2 den Vertrauensleuten nicht übertragen werden dürfen! (Die n. Begr. z. SUVG. S. 148 ist hier sehr summarisch!)

⁵) **Absatz 3** (ebenso GUVG. § 69 Abs. 3) ist neu. Seine jetzige Fassung beruht auf einem Antrag des Abg. Roesicke (Drucksache Nr. 851; Sten. Ber. S. 5808, S. 5775). Vgl. die Note zu § 75.

§. 75.

Soll die Bewilligung einer Entschädigung abgelehnt werden, so ist diese Absicht dem Verletzten, sofern er im Inland anwesend ist, oder im Falle seines Todes seinen Hinterbliebenen, soweit sie nach §§. 22 bis 25, 27 entschädigungsberechtigt sein würden, mitzutheilen. Soll eine Entschädigung bewilligt werden, so ist den genannten Personen die Höhe der in Aussicht genommenen Entschädigung mit den rechnungsmäßigen Grundlagen mitzutheilen.

Der Verletzte sowie seine Hinterbliebenen (§§. 22

bis 25) sind befugt, auf diese Mittheilung innerhalb zweier Wochen sich zu äußern. Auf ihren innerhalb der gleichen Frist gestellten Antrag hat die untere Verwaltungsbehörde diese Aeußerung zu Protokoll zu nehmen. Wird ein solcher Antrag gestellt, so hat hiervon die untere Verwaltungsbehörde unverzüglich dem zuständigen Genossenschaftsorgane Kenntniß zu geben; dieses hat bis zum Eingange des Protocolls den Bescheid auszusetzen.

Bei den im Abs. 1 bezeichneten Mittheilungen hat das zuständige Genossenschaftsorgan auf die aus Abs. 2 und aus §. 74 Abs. 3 sich ergebenden Befugnisse sowie auf die im Abs. 2 vorgesehene Frist hinzuweisen.[1])

§ 75.

Der § 75 ist erst in dritter Berathung angenommen worden auf Grund eines Antrags des Abg. Roesicke (s. Sten. Berichte S. 5808).

Der § 75 entspricht durchweg dem GUVG. § 70, abgesehen von der Einschränkung „sofern er im Inland anwesend ist" hinter „dem Verletzten". Ein solches Recht auf Mittheilung und Aeußerung war schon im alten § 67 Abs. 3 anerkannt. Dasselbe ist jetzt zu Gunsten der Betheiligten vielfach erweitert und ergänzt.

§. 76.

Die Feststellung der Entschädigung hat in beschleunigtem Verfahren zu erfolgen.[1])

Für diejenigen Verletzten, für welche beim Eintritte der genossenschaftlichen Fürsorge noch eine weitere ärztliche Behandlung behufs Heilung der erlittenen Verletzungen nothwendig ist (§. 9 Abs. 1 Ziffer 1), hat sich die Feststellung zunächst mindestens auf die bis zur Beendigung des Heilverfahrens zu leistenden Entschädigungen zu erstrecken. Die Feststellung der weiteren Entschädigungen hat, sofern sie nicht früher möglich war, sofort nach Beendigung des Heilverfahrens zu erfolgen.[2])

Kann die endgültige Feststellung nicht sofort erfolgen, so ist eine Entschädigung vorläufig zuzubilligen.[3])

§ 76.

[1]) **Absatz 1** ist neu. Ebenso GUVG. § 71 Abs. 1, wo jedoch hinzugesetzt ist „von Amtswegen". Vgl. N. 1 i. A. zu § 77.

[2]) **Absatz 2** giebt den alten § 67 Abs. 4 unverändert wieder. Dem Satz 1 entspricht GUVG. § 71 Abs. 1 Satz 2, während die Sätze 2 im Ausdruck variiren.

[3]) **Absatz 3** verallgemeinert den alten § 67 Abs. 5. Ebenso GUVG. § 71 Abs. 3 (vgl. n. Begr. S. 83/84).

§. 77.

Entschädigungsberechtigte, für welche die Entschädigung nicht von Amtswegen festgestellt ist, haben ihren Entschädigungsanspruch bei Vermeidung des Ausschlusses vor Ablauf von zwei Jahren nach dem Eintritte des Unfalls, oder falls der Anspruch von Hinterbliebenen solcher Versicherten erhoben wird, welche auf einem für verschollen zu erachtenden Schiffe gefahren sind, vor Ablauf von zwei Jahren nach Ablauf der Verschollenheitsfristen (§§. 862, 863 des Handelsgesetzbuchs) bei dem Genossenschaftsvorstand anzumelden.[1]) Die Frist gilt auch dann als gewahrt, wenn die Anmeldung bei einem nicht zuständigen Genossenschaftsorgan oder bei einer anderen Berufsgenossenschaft oder bei der für den Wohnort des Entschädigungsberechtigten zuständigen unteren Verwaltungsbehörde erfolgt ist. In solchem Falle ist die Anmeldung unverzüglich an die zuständige Stelle abzugeben und der Betheiligte davon zu benachrichtigen.[2])

Nach Ablauf der Frist ist der Anmeldung nur dann Folge zu geben, wenn zugleich glaubhaft bescheinigt wird, daß eine einen Entschädigungsanspruch begründende Folge des Unfalls erst später bemerkbar geworden oder daß der Entschädigungsberechtigte von der Verfolgung seines Anspruchs durch außerhalb seines Willens liegende Verhältnisse abgehalten worden ist, und wenn die Anmeldung innerhalb dreier Monate, nachdem eine Unfallfolge bemerkbar geworden oder das Hinderniß für die Anmeldung weggefallen, erfolgt ist.[3])

§ 77.

[1]) **Absatz 1 Satz 1** giebt den alten § 68 Abs. 1

wieder (vgl. GUVG. § 72 Abs. 1 Satz 1). Die Berufsgenossenschaft hat regelmäßig, ohne einen Antrag der Betheiligten abzuwarten, von Amtswegen das Entschädigungsverfahren einzuleiten (vgl. Handbuch zu UVG. § 57 N. 3). Sollte dies „ausnahmsweise" (n. Begr. S. 84) nicht geschehen und es deshalb nicht zu einer Feststellung einer Entschädigung resp. der Ablehnung einer solchen gekommen sein, so müssen die Entschädigungsberechtigten sich selbst rühren. Sie sollen ihren Entschädigungsanspruch beim Vorstand der Genossenschaft (s. aber Note 2) anmelden.

Hierfür ist eine Frist von zwei Jahren gesetzt, welche mit dem Tage nach dem Eintritt des Unfalls (s. aber Note 3) resp. nach Ablauf der Verschollenheitsfrist beginnt.

Diese Frist ist gesetzt „bei Vermeidung des Ausschlusses". Hierunter hat das RVA. für den entsprechenden § 59 UVG. nicht eine von Amtswegen zu berücksichtigende Ausschlußfrist, sondern eine einredeweise geltend zu machende Verjährungsfrist verstanden (s. Handbuch z. UVG. § 59 N. 2ff.).

²) **Absatz 1 Satz 2 und 3** (ebenso GUVG. § 72 Abs. 1 Satz 2 u. 3) ist eine Neuerung zum Schutze der oft rechtsunkundigen Betheiligten. Für die Fristberechnung ist die Anmeldung auch hier entscheidend, nicht die Zeit der Abgabe an die zuständige Genossenschaft.

³) **Absatz 2** (ebenso GUVG. § 72 Abs. 2) ist eine wesentliche Erweiterung des alten § 68 Abs. 2. Früher hieß es (ebenso UVG. § 59), „daß die Folgen des Unfalles erst später bemerkbar geworden sind". Durch die neue Fassung „eine Folge" hat die Berücksichtigung später hervorgetretener neuer Folgen des Betriebsunfalls ermöglicht werden sollen (s. n. Begr. S. 86 zu GUVG. § 59). Hier muß aber der die Entschädigung Beanspruchende seinerseits „glaubhaft bescheinigen" (vgl. Civilprozeßordnung § 294), daß er nicht innerhalb der Frist von zwei Jahren anmelden konnte, und ist er an eine neue Frist von drei Monaten gebunden.

§. 78.

Wird der angemeldete Entschädigungsanspruch anerkannt, so ist die Entschädigung sofort festzustellen. Ist die Berufsgenossenschaft der Ansicht, daß ein entschädigungspflichtiger Unfall nicht vorliegt, so ist der Antrag durch schriftlichen Bescheid abzulehnen. Der Bescheid ist mit Gründen zu versehen.[1])

Ist die Genossenschaft der Ansicht, daß zwar ein entschädigungspflichtiger Unfall vorliegt, die Entschädigung aber von einer anderen Genossenschaft zu gewähren ist, so hat der Genossenschaftsvorstand dem Entschädigungsberechtigten eine vorläufige Fürsorge zuzuwenden und sich unter Mittheilung der gepflogenen Verhandlungen wegen Anerkennung der Entschädigungspflicht mit dem Vorstande der anderen Genossenschaft ins Benehmen zu setzen. Wird von diesem die Entschädigungspflicht abgelehnt oder innerhalb einer Frist von sechs Wochen eine Erklärung nicht abgegeben, so ist die Entscheidung des Reichs-Versicherungsamts darüber herbeizuführen, welche Berufsgenossenschaft entschädigungspflichtig ist. Die Entscheidung ist auch dem Entschädigungsberechtigten zuzustellen.[2])

§ 78.

[1]) **Absatz 1** ist eine Fortbildung des alten § 68 Abs. 3. Er lautet ebenso wie GUVG. § 73 Abs. 1.

²) **Absatz 2** ist eine Fortbildung des alten § 68 Abs. 4. Er lautet ebenso wie GUVG. § 73 Abs. 2. Es sollen damit solche Fälle getroffen werden, in denen die angegangene Genossenschaft nicht nur einen entschädigungspflichtigen Unfall für an sich begründet, sondern den Anspruch für begründet, nur aber nicht sich, sondern eine andere Genossenschaft für passiv legitimirt hält (s. n. Begr. S. 85). Der dann mögliche Kompetenzkonflikt wird hier geregelt.

Damit aber der sachlich Berechtigte nicht unter der Verzögerung leide, ist bestimmt, daß die angegangene Genossenschaft eine vorläufige Fürsorge ihm zuzuwenden hat (vgl. Invalidenversicherungsgesetz §§ 112, 113) d. h., sie hat „eine einstweilige Unterstützung zu gewähren, die den Verletzten vor Noth schützt, also nicht eine nach den Regeln des Gesetzes zu berechnende Entschädigung", deren Feststellung zeitraubende Ermittelungen erfordern würde (s. n. Begr. S. 85 zu GUVG. § 59).

Bescheid der Vorstände.

§. 79.

Ueber die Feststellung der Entschädigung hat diejenige Stelle (§. 74), welche sie vorgenommen hat, dem Entschädigungsberechtigten einen schriftlichen Bescheid zu ertheilen, aus welchem die Höhe der Entschädigung und die Art ihrer Berechnung zu ersehen ist. Bei Entschädigungen für erwerbsunfähig gewordene Verletzte ist namentlich anzugeben, in welchem Maße die Erwerbsunfähigkeit angenommen worden ist.¹)

§ 79.

[1]) Der § 79 (ebenso GUVG. § 75) giebt den alten § 69 sachlich unverändert wieder.

S. ferner über den Inhalt des Bescheids den § 80 Abs. 6.

Berufung.

§. 80.

Gegen den Bescheid, durch welchen der Entschädigungsanspruch abgelehnt wird, sowie gegen den Bescheid, durch welchen die Entschädigung festgestellt wird, findet die Berufung auf schiedsgerichtliche Entscheidung statt.[1])

Die Berufung ist bei dem Schiedsgerichte (Gesetz, betreffend die Abänderung der Unfallversicherungsgesetze, §. 3) zu erheben, in dessen Bezirke der Heimathshafen desjenigen Fahrzeugs belegen ist, oder derjenige Betrieb seinen Sitz hat, in welchem der Unfall sich ereignet hat. Ist der Heimathshafen nicht im Bezirk eines Schiedsgerichts belegen, so ist die Berufung bei dem für den Sitz der Berufsgenossenschaft zuständigen Schiedsgerichte zu erheben.[2])

Die Berufung hat, ausgenommen im Falle des §. 18, keine aufschiebende Wirkung.[3])

Die Berufung ist bei Vermeidung des Ausschlusses innerhalb eines Monats, von solchen Personen aber, welche sich außerhalb Europas aufhalten, binnen einer von demjenigen Genossenschaftsorgane, welches den angefochtenen Bescheid erlassen hat, zu bestimmenden, auf mindestens drei Monate zu bemessenden Frist nach der Zustellung des angefochtenen Bescheids einzulegen.[4])

Die Frist gilt auch dann als gewahrt, wenn innerhalb derselben die Berufung bei einer anderen inländischen Behörde, bei einem deutschen Seemannsamt im Ausland oder bei einem Genossenschaftsorgan eingegangen ist. Diese haben die Berufungsschrift unverzüglich an das zuständige Schiedsgericht abzugeben.[5])

Der Bescheid muß die Bezeichnung des für die Berufung zuständigen Schiedsgerichts sowie die Belehrung über die einzuhaltende Frist enthalten.[6])

§ 80.

[1]) **Absatz 1** (ebenso GUVG. § 76 Abs. 1) giebt den alten § 70 Abs. 2 Satz 1 wieder. Darnach findet die Berufung nicht gegen jeden Bescheid statt, z. B. nicht gegen einen Bescheid gemäß § 76 Abs. 3 (so RVA. für den entsprechenden § 62 UVG. im Handbuch N. 4 dazu).

[2]) **Absatz 2** bestimmt, daß die Berufung nicht etwa bei demjenigen Organ, welches den anzufechtenden Bescheid erlassen hat, sondern bei dem Schiedsgericht zu erheben ist — nicht mehr bei dem „Vorsitzenden des Schiedsgerichts", wie es im alten § 70 Abs. 2 Satz 2 hieß (vgl. n. Begr. S. 86/87 und Invalidenversicherungsgesetz § 114). S. jedoch Abs. 5. — Mit ‚Schiedsgericht' sind nach dem angeführten § 3 des Mantelgesetzes die „gemäß §§ 103 ff. des Invalidenversicherungsgesetzes errichteten Schieds-

gerichte" gemeint. Dabei ist aber zu beachten, daß nach § 25 des Mantelgesetzes der Zeitpunkt, von welchem ab diese Schiedsgerichte an die Stelle der bisherigen (vgl. die §§ 49ff. des alten SUVG.) treten, mit Zustimmung des Bundesraths durch Kaiserliche Verordnung erst bestimmt werden soll. Das ist jetzt geschehen durch VO. vom 22. November 1900 (RA. v. 27. Novbr. 1900) auf den 1. Januar 1901.

Weiter bestimmt Abs. 2, welches Schiedsgericht örtlich zuständig ist. Wegen des Heimathshafens vgl. N. 2 zu § 33. Neu ist der Satz 3, welcher aufgenommen ist, weil nach § 6 des Flaggengesetzes deutsche Kauffahrteischiffe fortan ihren Heimathshafen außerhalb des Reichsgebiets haben können (s. n. Begr. S. 148). — Der Abs. 5 des alten § 70 ist gestrichen, s. n. Begr. S. 148.

Wie die Berufung zu „erheben" ist, wird nicht gesagt. Vergleicht man die Wendungen des Abs. 4 („einlegen") und des Abs. 5 (Eingehen einer Berufungsschrift), so genügt jedenfalls der Eingang eines Schriftstückes, welches erkennen läßt, daß der Einsender mit dem Bescheid nicht zufrieden ist (vgl. Handbuch z. UVG. § 62 Note 6 u. § 5 der folg. VO. v. 22. Novbr. 1900).

Ueber das Verfahren vor den bisherigen Schiedsgerichten bestimmte auf Grund des alten § 56 Abs. 4 die Kaiserliche Verordnung vom 13. Novbr. 1887 (RGBl. S. 523) Art. III i. V. m. der Kaiserlichen Verordnung vom 2. Novbr. 1885 (RGBl. S. 279). Für die neuen Schiedsgerichte gilt vom 1. Januar 1901 ab (s. oben) die auf Grund des Inv.-VG. § 106 Abs. 6 i. V. m. § 3 des Mantelgesetzes erlassene Kais. VO. vom 22. November 1900 (RA. v. 27. Novbr. 1900), betreffend das Verfahren vor den Schiedsgerichten für Arbeiterversicherung.

3) **Absatz 3** (entsprechend GUVG. § 76 Abs. 5) ist gegenüber dem alten § 70 Abs. 2 Satz 3 erweitert durch

die Ausnahme des § 18, was auf einem Beschluß des RT. in zweiter Berathung beruht (Sten. Berichte S. 5518). Eine fernere Ausnahme s. im § 99 Abs. 1 Satz 4.

[4]) **Absatz 4.** Gegenüber dem alten § 70 Abs. 3 ist die Berufungsfrist von vier Wochen auf einen Monat resp. von sechs Wochen auf drei Monate erstreckt (u. Begr. S. 148).

Ueber die Berechnung der Frist (vgl. BGB. §§ 187 bis 191; CPO. § 222), über Wiedereinsetzung gegen ihre Versäumung sagt das Gesetz nichts. Ihre Verletzung soll den „Ausschluß" zur Folge haben, was wohl hier (vgl. dagegen N. 1 zu § 77) heißen soll, daß die Frist von Amtswegen berücksichtigt und bei ihrer Nichteinhaltung die Berufung als verspätet zurückzuweisen ist (vgl. § 85 Abs. 1).

[5]) **Absatz 5** (vgl. GUVG. § 76 Abs. 3) ist in Anlehnung an das Invalidenversicherungsgesetz § 114 eingeschaltet. Vgl. ob. § 77 Abs. 1 Satz 2.

[6]) **Absatz 6.** Ebenso GUVG. § 76 Abs. 4.

§. 81.

Bildet in dem Falle des §. 21 Abs. 1 Ziffer 2 die Anerkennung oder Nichtanerkennung des Rechtsverhältnisses zwischen dem Getödteten und dem die Entschädigung Beanspruchenden die Voraussetzung des Entschädigungsanspruchs, so kann das Schiedsgericht den Betheiligten aufgeben, zuförderst die Feststellung des betreffenden Rechtsverhältnisses im ordentlichen Rechtswege herbeizuführen. In diesem Falle ist die Klage bei Vermeidung des Ausschlusses binnen einer vom Schiedsgerichte zu bestimmenden, mindestens auf einen Monat zu bemessenden Frist nach der Zustellung des hierüber ertheilten Bescheids des Schiedsgerichts zu erheben.

Nachdem im ordentlichen Rechtsweg eine rechtskräftige Entscheidung ergangen ist, hat das Schiedsgericht auf erneuten Antrag über den Entschädigungsanspruch zu entscheiden.[1])

§ 81.

[1]) Der § 81 giebt den alten § 71 Abs. 2 u. 3 wieder mit der Aenderung, daß auch hier wieder die Frist von vier Wochen auf einen Monat erstreckt ist. Ebenso GUVG. § 77.

§. 82.

Das Schiedsgericht hat, wenn es den Entschädigungsanspruch für begründet erachtet, zugleich die Höhe der Entschädigung und den Beginn der Rente festzustellen. Hat das Schiedsgericht in besonderen Ausnahmefällen, welche das Reichs-Versicherungsamt näher bestimmen darf, den Anspruch nur dem Grunde nach anerkannt und nicht gleichzeitig über die Höhe der Entschädigung und den Beginn der Rente entschieden, so hat das Schiedsgericht unverzüglich eine vorläufige Entschädigung zu bewilligen, gegen deren Feststellung ein Rechtsmittel nicht stattfindet. Sobald der Entschädigungsanspruch rechtskräftig feststeht, hat der Vorstand die Höhe der Entschädigung und den Beginn der Rente, sofern dies nicht bereits früher geschehen ist, festzustellen. Die vorläufig gezahlten Beträge werden auf die endgültig angewiesene Rente angerechnet.[1])

§ 82.

[1]) Der § 82 ist neu; er entspricht dem GUVG. § 78. Nach dem Vorgange des Invalidenversicherungsgesetzes § 115 ist dem Schiedsgericht auferlegt, die Rente möglichst selbst festzustellen, damit der Berechtigte möglichst bald zu seinem Gelde kommt (vgl. n. Begr. S. 87/88).

§. 83.

Die Entscheidung des Schiedsgerichts ist dem Berufenden und demjenigen Genossenschaftsorgane, welches den angefochtenen Bescheid erlassen hat, in Ausfertigung zuzustellen. [1])

§ 83.

[1]) Der § 83 (ebenso GUVG. § 79) giebt den alten § 71 Abs. 1 Satz 1 wieder unter Einschiebung der Worte „in Ausfertigung".

Wegen der Zustellung vgl. § 150.

Rekurs.

§. 84. [1])

Gegen die Entscheidung des Schiedsgerichts steht in den Fällen des §. 74 Abs. 1 Ziffer 2, vorbehaltlich der Bestimmungen des §. 94 Abs. 2 und des §. 99 Abs. 1, dem Verletzten oder dessen Hinterbliebenen sowie dem Genossenschaftsvorstande das Rechtsmittel des Rekurses zu. [2]) Der Rekurs des Vorstandes hat aufschiebende Wirkung insoweit, als es sich um Beträge handelt, die für die Zeit vor dem Erlasse der angefochtenen Entscheidung nachträglich gezahlt werden sollen. Im Uebrigen hat der Rekurs keine aufschiebende Wirkung. [3])

Werden mit der Anfechtung einer Entscheidung des Schiedsgerichts in den im §. 74 Abs. 1 Ziffer 1 bezeichneten Angelegenheiten Rekursanträge wegen der im §. 74 Abs. 1 Ziffer 2 bezeichneten Angelegenheiten verbunden, so darf die Entscheidung des Schiedsgerichts über die zuerst bezeichneten Angelegenheiten in dem Rekursverfahren nur dann abgeändert werden, wenn im Uebrigen den Rekursanträgen Folge gegeben wird. [2])

Ueber den Rekurs entscheidet das Reichs-Versicherungsamt. Das Rechtsmittel ist bei demselben zur Vermeidung des Ausschlusses innerhalb eines Monats nach der Zustellung der Entscheidung des Schiedsgerichts einzulegen. Bei denjenigen Personen, welche sich außerhalb Europas aufhalten, beträgt die Frist drei Monate. Die Bestimmung des §. 80 Abs. 5 findet entsprechende Anwendung. [4])

§ 84.

[1]) Der § 84 (ähnlich GUVG. § 80) hat die im alten § 71 Abs. 1 enthaltenen Sätze über den Rekurs in zahlreichen Punkten umgestaltet. Ganz neu sind Abs. 1 Satz 2, Absatz 2 und Abs. 3 Satz 3.

²) **Absatz 1 Satz 1 und Absatz 2.** Wie schon die Berufung nicht gegen jeden Bescheid zulässig ist (s. N. 1 zu § 80), so ist auch gegen die Entscheidung des Schiedsgerichts die Anrufung des Reichsversicherungsamtes durch das Rechtsmittel des Rekurses nur in bestimmten Fällen zugelassen, nämlich in den des § 74 Abs. 1 Nr. 2, d. h. bei den der Entscheidung des Genossenschaftsvorstandes vorbehaltenen Renten für eine nicht voraussichtlich vorübergehende Erwerbsunfähigkeit (s. § 9 Abs. 1 Nr. 2) und den Renten für Hinterbliebene (s. § 21 Abs. 1 Nr. 2). Ausnahmsweise ist der Rekurs aber auch in derartigen Fällen nicht zulässig, wenn die Bestimmungen des § 94 Abs. 2 oder des § 99 Abs. 1 gegeben sind (s. dort).

Da es früher vorgekommen ist, daß, um nichtrekursfähige Ansprüche vor das Reichsversicherungsamt zu bringen, gleichzeitig offenbar unbegründete, aber an sich rekursfähige Ansprüche erhoben wurden, ist der **Absatz 2** aufgenommen, wonach nur dann über einen an sich nicht rekursfähigen Anspruch erkannt werden darf, wenn der Rekurs wegen des damit verbundenen rekursfähigen Anspruchs begründet erscheint (s. n. Begr. S. 89).

³) **Absatz 1 Satz 2 und 3.** Der Rekurs hat, ebenso wie die Berufung (s. § 80 Abs. 3), i. A. keine aufschiebende Wirkung. Davon ist jetzt zu Gunsten der Genossenschaft eine Ausnahme gemacht, weil in diesem Falle sonst Gefahr besteht, daß die Genossenschaft ihr Geld nicht wieder bekommen wird (s. n. Begr. z. GUVG. S. 89).

⁴) **Absatz 3.** Vgl. dazu § 80 Abs. 4 u. 5, sowie für das Verfahren vor dem Reichsversicherungsamt Mantelgesetz §§ 11ff., die folgenden Paragraphen, sowie die Kaiserliche Verordnung vom 19. Oktober 1900, betreffend den Geschäftsgang und das Verfahren des Reichs-Versicherungsamts (RGBl. 1900 S. 983ff.).

§. 85. [1])

Ist der Rekurs unzulässig (§. 84 Abs. 1) oder verspätet (§. 84 Abs. 3), so hat das Reichs-Versicherungsamt den Rekurs ohne mündliche Verhandlung zurückzuweisen; ebenso kann es verfahren, wenn die bei dem Beschlusse mitwirkenden Mitglieder einstimmig den Rekurs für offenbar ungerechtfertigt erachten. [2]) Anderenfalls hat das Reichs-Versicherungsamt nach mündlicher Verhandlung zu entscheiden.

Wird das angefochtene Urtheil aufgehoben, so kann das Reichs-Versicherungsamt, statt in der Sache selbst zu entscheiden, dieselbe an das Schiedsgericht oder an das zuständige Genossenschaftsorgan zurückverweisen. Dabei kann das Reichs-Versicherungsamt bestimmen, daß dem Entschädigungsberechtigten eine ihrem Betrage nach bestimmte Rente vorläufig zu zahlen ist. Im Falle der Zurückverweisung ist die rechtliche Beurtheilung, auf welche das Reichs-Versicherungsamt die Aufhebung gestützt hat, den weiteren Entscheidungen oder Bescheiden zu Grunde zu legen. [3]) [4])

§ 85.

[1]) Der § 85 stimmt überein mit GUVG. § 81. Der erste Absatz der Reichstagsvorlage: „bei Einlegung des Rekurses ist anzugeben, aus welchen Gründen die Entscheidung des Schiedsgerichts angefochten wird", was nur

eine Ordnungsvorschrift sein sollte (s. n. Begr. z. GUVG. S. 90), ist von der n. RK. abgelehnt (s. Drucksache Nr. 703 S. 4488—4489 zu GUVG. § 63b). S. jetzt aber Kais. VO. (cit. N. 4 zu § 84) § 29.

[2]) **Absatz 1 Satz 1** dient zur Entlastung des Reichsversicherungsamts, welches in solchen Fällen durch nur drei Mitglieder (s. Mantelgesetz § 16 Abs. 2) entscheidet.

[3]) **Absatz 2** ist dem Invalidenversicherungsgesetz § 117 Abs. 3 nachgebildet. (Vgl. Civilprozeßordnung § 565.

[4]) Die Reichstagsvorlage enthielt noch einen § 71c (entsprechend dem GUVG. § 63c), welcher lautete:

> „Das Reichs-Versicherungsamt entscheidet über die zu gewährende Entschädigung nach freiem Ermessen, ohne an die Begründung des Rekurses oder an die Anträge der Parteien oder die Entscheidung des Schiedsgerichts gebunden zu sein."

wozu s. n. Begr. z. GUVG. S. 91. Die n. RK. hat diesen Vorschlag abgelehnt (s. Drucksache Nr. 703a S. 4489). Die Kais. VO. (cit. N. 4 zu § 84) § 41 Abs. 1 besagt aber: „Das Reichs-Versicherungsamt entscheidet innerhalb der erhobenen Ansprüche nach freiem Ermessen."

§. 86.

Kommt nach Ansicht des Reichs-Versicherungsamts nicht die im Verfahren in Anspruch genommene, sondern eine andere Berufsgenossenschaft als entschädigungspflichtig in Frage, so kann das Reichs-Versicherungsamt diese andere Genossenschaft zur Verhandlung beiladen und gegebenen Falles zur Leistung der Entschädigung verurtheilen, auch wenn ein Anspruch gegen dieselbe bereits rechtskräftig abgelehnt worden ist. [1])

§ 86.

¹) Der § 86 entspricht dem GUVG. § 82. Er ist aus Billigkeitsgründen aufgenommen (s. n. Begr. z. GUVG. S. 91/92).

§. 87.

Sobald einem Verletzten oder dessen Hinterbliebenen ein Entschädigungsanspruch gegenüber einer Genossenschaft rechtskräftig zuerkannt ist, kann auf Antrag ein gegenüber einer anderen Genossenschaft wegen desselben Unfalls etwa schwebendes Verfahren durch Beschluß des Reichs-Versicherungsamts eingestellt werden.

Sind, abgesehen von den Fällen des §. 89, wegen desselben Unfalls Entschädigungsansprüche gegen mehrere Genossenschaften rechtskräftig anerkannt, so hat das Reichs-Versicherungsamt die zu Unrecht ergangene Feststellung oder Entscheidung aufzuheben.

Die auf Grund der aufgehobenen Feststellung oder Entscheidung geleisteten Zahlungen sind zu ersetzen; der Anspruch des Verletzten geht insoweit auf die ersatzberechtigte Genossenschaft über. ¹)

§ 87.

¹) Der § 87 entspricht dem GUVG. § 83. Er ist aus Billigkeitsgründen aufgenommen (s. n. Begr. z. GUVG. S. 91/92).

§. 88.

Auf die Anfechtung rechtskräftiger Entscheidungen über einen Entschädigungsanspruch finden, unbeschadet der Bestimmungen der §§. 86, 87 die Vorschriften der Civilprozeßordnung über die Wiederaufnahme des Verfahrens entsprechende Anwendung, soweit nicht durch Kaiserliche Verordnung mit Zustimmung des Bundesraths etwas Anderes bestimmt wird. [1])

§ 88.

[1]) Der § 88 entspricht dem GUVG. § 84. Er ist dem Invalidenversicherungsgesetz § 119 nachgebildet. Vgl. Civilprozeßordnung §§ 578 ff. —

In dem Text des Gesetzes § 71f (RGBl. 1900 S. 510) ist nicht nur auf die §§ 71d u. 71e = §§ 86, 87 verwiesen, sondern auch auf § 71g = § 89, was der Vorlage (vgl. auch die Zusammenstellung der RK.) nicht entspricht und in der Publikation des Reichskanzlers ohne Weiteres korrigirt ist.

§. 89.

Hat die Beschäftigung, bei welcher sich der Unfall ereignet hat, für mehrere zu verschiedenen Berufsgenossenschaften gehörende Betriebe stattgefunden, so können die betheiligten Genossenschaften die Entschädigungsverpflichtung unter sich vertheilen. Kommt eine Einigung nicht zu Stande, so ist das Reichs-Versicherungsamt berechtigt, auf Antrag einer betheiligten Genossenschaft die Vertheilung zu bestimmen. In solchem Falle ist nach Anhörung der betheiligten Vorstände nach billigem Ermessen festzustellen, mit welchem Antheile jede Genossenschaft an der Unfallentschädigung betheiligt ist, und welche Beträge derjenigen, welche vorläufig Entschädigung geleistet hat, zu erstatten sind.

Die Heranziehung einer der im vorstehenden Absatze bezeichneten Genossenschaften zur Aufbringung eines Antheils an der Entschädigung kann auch dann noch erfolgen, wenn ein ablehnender Bescheid der Genossenschaft oder eine den Anspruch des Entschädigungsberechtigten ihr gegenüber zurückweisende Entscheidung rechtskräftig geworden ist.

Die für die Feststellung der Entschädigung zuständige Genossenschaft ist mangels einer Vereinbarung durch das Reichs-Versicherungsamt zu bestimmen. [1])

§ 89.

[1]) Der § 89 entspricht dem GUVG. § 85. Vgl. dazu die n. Begr. S. 92.

§. 90.

Die Berufsgenossenschaft ist befugt, von der Rückforderung der gemäß §§. 80, 82, 85 Abs. 2 vor rechtskräftiger Entscheidung gezahlten Entschädigungen abzusehen. [1])

§ 90.

[1]) Der § 90 entspricht dem GUVG. § 86 sowie dem Invalidenversicherungsgesetz § 118. Ohne solche Vorschrift wäre die Genossenschaft zu einem oft zwecklosen Vorgehen verpflichtet.

§. 91.

Nach erfolgter Feststellung der Entschädigung (§. 74) hat der Genossenschaftsvorstand dem Berechtigten die mit der Zahlung beauftragte Postanstalt (§. 101) zu bezeichnen und der unteren Verwaltungsbehörde des Wohnorts über die dem Berechtigten zustehenden Bezüge Nachricht zu geben. Das Gleiche gilt beim Eintritte von Veränderungen. [1])

§ 91.

[1]) Der § 91 stimmt überein mit GUVG. § 87, nur daß es dort „Mittheilung zu machen", hier aber „Nachricht zu geben" heißt.

Der frühere § 72 schrieb ebenso wie UVG. § 64 vor, daß dem Berechtigten Seitens des Genossenschaftsvorstandes eine Bescheinigung über die ihm zustehenden Bezüge ausgestellt werden solle. Das ist als überflüssig gestrichen (s. n. Begr. z. GUVG. S. 93). — Der unteren Verwaltungsbehörde soll Nachricht gegeben werden, weil sie über die Durchführung der Versicherung orientirt sein soll (s. n. Begr. a. a. O.).

Veränderung der Verhältnisse.

§. 92. [1])

Tritt in den Verhältnissen, welche für die Feststellung der Entschädigung maßgebend gewesen sind, eine wesentliche Veränderung ein, so kann eine anderweite Feststellung erfolgen. [2])

Nach Ablauf von zwei Jahren von der Rechtskraft des Bescheids oder der Entscheidung ab, durch welche die Entschädigung zuerst endgültig festgestellt worden ist, darf wegen einer im Zustande des Verletzten eingetretenen Veränderung eine anderweite Feststellung, sofern nicht zwischen der Berufsgenossenschaft und dem Empfangsberechtigten über einen kürzeren Zeitraum ausdrückliches Einverständniß erzielt ist, nur in Zeiträumen von mindestens einem Jahre beantragt oder vorgenommen werden. [3])

Die anderweite Feststellung erfolgt innerhalb der ersten fünf Jahre von der Rechtskraft der erwähnten Bescheide oder Entscheidungen ab auf Antrag oder von Amtswegen durch Bescheid der Berufsgenossenschaft, später, sofern nicht über die anderweite Feststellung zwischen der Berufsgenossenschaft und dem Empfangsberechtigten ausdrückliches Einverständniß erzielt ist, nur auf Antrag durch Entscheidung des Schiedsgerichts. [4])

Zu dem Antrag auf Wiederaufnahme eines Heilverfahrens ist neben dem Verletzten auch die Krankenkasse, der er angehört, berechtigt. [5])

§ 92.

[1]) Der § 92, welcher dem GUVG. § 88 entspricht, giebt von dem alten § 73 nur dessen Absatz 1 fast unverändert wieder.

[2]) **Absatz 1.** Ist eine Entschädigung rechtskräftig festgesetzt worden (s. §§ 74 ff.) — was ohne Zeitbeschränkung geschieht —, so kann solche Feststellung doch wegen veränderter Umstände durch eine neue Feststellung n. M. §§ 92 ff. ersetzt werden.

Sachliche Voraussetzung ist eine wesentliche Veränderung der für die Feststellung der Entschädigung maßgebend gewesenen Verhältnisse, sei es, daß es sich um eine im Zustand des Verletzten eingetretene Veränderung, sei es, daß es sich um die Veränderung der Verhältnisse der sonstigen Rentenempfänger handelt. Was eine „wesentliche" Veränderung ist, wird sich nur im konkreten Falle sagen lassen. Am häufigsten wird der Fall praktisch werden, daß der Gesundheitszustand des Verletzten sich derartig bessert, daß eine andauernde und nicht ganz geringfügige Erhöhung der Erwerbsfähigkeit eintritt.

[3]) **Absatz 2.** Soweit es sich um eine anderweite Feststellung handelt „wegen einer im Zustande des Verletzten eingetretene Veränderung", ist der Verletzte nach Ablauf der beiden ersten Jahre gegen zu häufige Störung seiner Bezüge durch Absatz 2 geschützt. Im Uebrigen kann die Genossenschaft jederzeit vorgehen, insbesondere auch ein neues Heilverfahren (vgl. § 18) anordnen mit sich daran schließender anderweiter Rentenfestsetzung (s. § 95, vgl. n. Begr. zu GUVG. § 65 S. 93).

[4]) **Absatz 3.** Nach Ablauf von fünf Jahren seit rechtskräftiger Feststellung einer Entschädigung kann nicht mehr die Berufsgenossenschaft, sondern nur noch das Schiedsgericht eine anderweite Feststellung treffen (s. n. Begr. z. GUVG. § 65 S. 94). S. jedoch § 95!

5) **Absatz 4** ist hinzugefügt, weil die Krankenkassen ein berechtigtes Interesse haben können, ihre Mitglieder möglichst von den Folgen erlittener Unfälle geheilt zu sehen (n. Begr. S. 94).

§. 93. 1)

Wird innerhalb der ersten fünf Jahre ein neuer Bescheid erlassen, bevor die frühere Entscheidung über die Höhe der Entschädigung die Rechtskraft erlangt hat, so muß die Rechtsmittelbelehrung in dem die Rente abändernden Bescheide darauf hinweisen, daß durch das gegen den früheren Bescheid eingelegte Rechtsmittel der Eintritt der Rechtskraft des neuen Bescheids nicht gehemmt wird. Abschrift des neuen Bescheids ist derjenigen Stelle, bei welcher das Verfahren über den älteren Bescheid schwebt, mitzutheilen. Diese ist berechtigt, bei Entscheidung der älteren Sache darüber zu befinden, welche Entschädigung für die Zeit nach Erlaß des neuen Bescheids zu gewähren ist. Ein in Folge der Anfechtung des neuen Bescheids etwa eingeleitetes Verfahren ist alsdann einzustellen.

Vor einer Herabsetzung oder Aufhebung der Rente ist dem Rentenempfänger, unter Mittheilung derjenigen Unterlagen, auf Grund deren die Herabsetzung oder Aufhebung erfolgen soll, Gelegenheit zur Aeußerung zu geben. 2)

Eine Erhöhung der Rente kann nur für die

Zeit nach Anmeldung des höheren Anspruchs gefordert werden.

Eine Minderung, Einstellung (§. 98) oder Aufhebung der Rente tritt mit Ablauf des Monats in Wirksamkeit, in welchem der die Veränderung aussprechende Bescheid zugestellt worden ist. [3])

§ 93.

[1]) Der § 93 entspricht dem GUVG. § 89. Absatz 3 und 4 sind aus dem alten § 73 übernommen, Absatz 4 ist aber erweitert.

[2]) Ueber die **Absätze 1 u. 2,** welche den Entschädigungsberechtigten vor Schaden zu schützen suchen, s. n. Begr. z. GUVG. § 65a S. 94/95.

[3]) **Absatz 3 u. 4** beugen der Rückwirkung abändernder Rentenfestsetzung für die Vergangenheit vor.

Da Renten regelmäßig monatlich im voraus bezahlt werden (s. § 97), so soll für den laufenden Monat eine Rückerstattung ausgeschlossen sein (vgl. n. Begr. S. 95).

§. 94.

Die anderweite Feststellung einer Rente nach Ablauf der ersten fünf Jahre kann nur für die Zeit nach Zustellung des Antrags gefordert werden. Im Uebrigen wird der Zeitpunkt, von welchem an die Erhöhung, Minderung oder Aufhebung der Rente in Kraft treten soll, in der Entscheidung des Schiedsgerichts festgesetzt. Ebenso bestimmt das Schiedsgericht, in welchen Summen und Fristen die seit dem Inkrafttreten der Rentenminderung etwa bezahlten Mehrbeträge durch Kürzung späterer Rentenbezüge zur Erstattung gelangen sollen. Das Schiedsgericht kann auf Antrag auch schon vor dieser Entscheidung im Wege der einstweiligen Verfügung anordnen, daß die fernere Rentenzahlung bis zur rechtskräftigen Entscheidung über den Antrag auf Aufhebung oder Minderung der Rente ganz oder theilweise eingestellt werde.

Auf die Entscheidungen des Schiedsgerichts finden die Bestimmungen der §§. 84 ff. über das Rechtsmittel des Rekurses entsprechende Anwendung. Gegen die im Abs. 1 Satz 2 bis 4 bezeichneten Entscheidungen und Verfügungen des Schiedsgerichts findet jedoch ein Rechtsmittel nicht statt.

Wird der Antrag auf Abänderung der Rente dem Schiedsgericht unterbreitet, bevor die frühere Entscheidung über die Höhe der Entschädigung die Rechtskraft erlangt hat, so ist die Stelle, bei welcher das frühere Verfahren anhängig ist, berechtigt, in diesem darüber zu befinden, welche Entschädigung für die Zeit nach Zustellung des Antrags auf Abänderung der Rente zu gewähren ist. [1])

§ 94.

[1]) Der § 94 entspricht dem GUVG. § 90.

Nach Ablauf der ersten fünf Jahre können Renten nur auf Antrag durch das Schiedsgericht geändert werden (s. § 92 Abs. 3), weshalb eine veränderte Rente prinzipiell nur für die Zeit nach der Stellung des Antrags verlangt werden kann. S. im Uebrigen u. Begr. zu GUVG. § 65 S. 95/96.

§. 95.

Die anderweite Rentenfestsetzung nach Abschluß eines neuen Heilverfahrens, die Einstellung von Rentenzahlungen (§. 98) und die Ablösung einer Rente durch Kapitalzahlung (§. 99) erfolgt auch nach Ablauf des im §. 92 Abs. 3 vorgesehenen Zeitraums durch Bescheid der Berufsgenossenschaft. [1])

§ 95.

[1]) Der § 95 entspricht dem GUVG. § 91. Er enthält eine Ausnahme von der Regel des § 92 Abs. 3 (vgl. u. Begr. S. 96).

§. 96.

Ist der Verletzte, für welchen eine Entschädigung festgestellt war, in Folge der Verletzung gestorben, so muß der Anspruch auf Gewährung einer Entschädigung für die Hinterbliebenen, falls diese Entschädigung nicht von Amtswegen festgestellt ist, bei Vermeidung des Ausschlusses vor Ablauf von zwei Jahren nach dem Tode des Verletzten bei dem zuständigen Vorstand oder bei der für den Wohnort des Entschädigungsberechtigten zuständigen unteren Verwaltungsbehörde angemeldet werden. Nach Ablauf dieser Frist ist der Anmeldung nur dann

Folge zu geben, wenn zugleich glaubhaft bescheinigt wird, daß der Entschädigungsberechtigte von der Verfolgung seines Anspruchs durch außerhalb seines Willens liegende Verhältnisse abgehalten worden ist, und die Anmeldung innerhalb dreier Monate, nachdem das Hinderniß weggefallen, erfolgt ist. Im Uebrigen finden auf das Verfahren die Vorschriften der §§. 74 bis 91 entsprechende Anwendung. [1])

§ 96.

[1]) Der § 96 entspricht dem GUVG. § 92. Er giebt den Inhalt des alten § 73 Abs. 2 wieder, jedoch mit Aenderungen nach dem Vorbild des § 77, auf dessen Erläuterung verwiesen wird. Ein Unterschied besteht jedoch darin, daß nach § 77 die Frist auch dann noch als gewahrt gilt, wenn bei den dort genannten an sich nicht zuständigen Stellen die Anmeldung erfolgt ist, während hier nur neben dem zuständigen Vorstand eine zweite Stelle als zuständig genannt ist.

Fälligkeitstermine.

§. 97.

Kosten des Heilverfahrens und Sterbegelder sind binnen einer Woche nach ihrer Feststellung, Renten in monatlichen, und wenn sich der Jahresbetrag auf sechzig Mark oder weniger beläuft, in vierteljährlichen Beträgen im voraus zu zahlen, letzteres insoweit, als nicht im voraus anzunehmen ist, daß die Rente vor Ablauf des Vierteljahrs fortfällt. Die Renten werden auf volle fünf Pfennig für den Monat beziehungsweise das Vierteljahr nach oben abgerundet.

Im Einverständnisse mit dem Entschädigungsberechtigten kann die Berufsgenossenschaft anordnen, daß die Zahlung in längeren Zeitabschnitten erfolgt.

Fällt das Recht auf den Rentenbezug im Laufe des Monats, für welchen die Rente gezahlt war, fort, so ist von einer Rückforderung abzusehen. Wenn für einen Theil des Monats die Rente für den Verletzten mit der Rente für die Hinterbliebenen zusammentrifft, so haben die Hinterbliebenen den höheren Betrag zu beanspruchen.

Ein Verzicht auf die Rückforderung ist auch dann zulässig, wenn die Rente für längere Zeitabschnitte gezahlt war. [1])

§ 97.

[1]) Der § 97 entspricht dem GUVG. § 93. Er hat den alten § 74 mannigfach geändert resp. erweitert.

Die Regel der monatlichen Vorausbezahlung von Renten ist für kleine Renten, um die Belästigung der Betheiligten zu verringern, geändert in eine vierteljährliche.

Renten für den laufenden Monat sind endgültig bezahlt (vgl. § 93 Abs. 4).

Ruhen der Rente.

§. 98. [1])

Das Recht auf Bezug der Rente ruht: [2])

1. solange der Berechtigte eine die Dauer von einem Monat übersteigende Freiheitsstrafe verbüßt oder solange er in einem Arbeitshaus oder in einer Besserungsanstalt untergebracht ist. Hat der Berechtigte im Inlande wohnende Angehörige, welche im Falle seines Todes Anspruch auf Rente haben würden, so ist diesen die Rente bis zur Höhe jenes Anspruchs zu überweisen; [3])
2. solange der Berechtigte auf fremden Kriegsschiffen Dienste thut; [4])
3. solange der Berechtigte, ohne auf einem deutschen Schiffe angemustert zu sein, im Auslande sich aufhält und es unterläßt, der Berufsgenossenschaft seinen Aufenthalt mitzutheilen.

Die Berufsgenossenschaft ist befugt, über die Mittheilung des Aufenthaltsorts Vorschriften zu erlassen und darin anzuordnen, daß der Rentenberechtigte sich von Zeit zu Zeit bei einem Seemannsamte persönlich vorzustellen hat. Kürzere als einjährige Fristen dürfen durch diese Vorschriften nicht angeordnet werden. Die Vorschriften bedürfen der Genehmigung des Reichs-Versicherungs-amts. [5])

Weist der Entschädigungsberechtigte nach, daß er der Vorstellungspflicht ohne sein Verschulden nicht hat genügen können, so lebt insoweit das Recht auf den Bezug der Rente wieder auf. [2])

§ 98.

[1]) Der alte § 75 Abs. 1 lautete: „So lange der Berechtigte nicht im Inlande wohnt, ist die Berufsgenossenschaft befugt, die Zahlung der Entschädigungsrente einzustellen.“ Diese Vorschrift ist in Anlehnung an das Invalidenversicherungsgesetz § 48 weiter ausgestaltet worden. Aehnliche Vorschriften enthält GUVG. § 94.

[2]) **Das Recht auf Bezug der Rente ruht,** d. h. der Lauf der Rente wird für die Zeit des Hindernisses unterbrochen. Daß nach behobenem Hinderniß die Rente für die Vergangenheit nachgefordert werden könnte, daß die Rente „wieder auflebt“, ist nur für den Fall der Ziffer 3 in deren Absatz 3 (ebenso GUVG. § 94 Nr. 3 Abs. 3) bestimmt.

[3]) **Ziffer 1** (ebenso GUVG. § 94 Nr. 1) ist in dieser Fassung schon in der Reichstagsvorlage vorhanden, formell aber „als Ziffer 1“ erst bei der zweiten Berathung als Antrag Dr. Semler angenommen (Sten. Ber. S. 5519 bis 5524). — Die Angehörigen müssen im Inland wohnen, vgl. § 27.

[4]) **Ziffer 2** ist in zweiter bezw. dritter Berathung auf Grund eines Antrags Roesicke angenommen worden (Sten. Ber. S. 5520, 5524, 5808). Der weitergehende Antrag des Abgeordneten Dr. Semler (s. Drucksache Nr. 784, 2) wurde abgelehnt (Sten. Ber. S. 5524).

[5]) **Ziffer 3** (vgl. GUVG. § 94 Nr. 3) ist in zweiter

Berathung auf Grund eines Antrags des Abgeordneten Dr. Semler angenommen worden (Sten. Ber. S. 5524), redaktionell geändert auf Antrag des Abgeordneten Roesicke in dritter Berathung (Sten. Ber. S. 5808). — Es kommt nur auf den Aufenthalt im Auslande an; ein „Wohnen" im Auslande (vgl. RVA. in A. N. 1897 S. 583 Nr. 1688) ist nicht erfordert. Ob der Berechtigte Ausländer ist oder nicht, ist hier unerheblich (vgl. Note 4, e zu § 1).

Kapitalabfindungen.

§. 99. [1])

Ist bei theilweiser Erwerbsunfähigkeit eine Rente von fünfzehn oder weniger Prozent der Vollrente festgestellt, so kann nach Anhörung der unteren Verwaltungsbehörde die Berufsgenossenschaft den Entschädigungsberechtigten auf seinen Antrag durch eine entsprechende Kapitalzahlung abfinden. Der Verletzte muß vor Annahme seines Antrags darüber belehrt werden, daß er nach der Abfindung auch in dem Falle keinerlei Anspruch auf Rente mehr habe, wenn sein Zustand sich erheblich verschlechtern würde. Gegen den Bescheid, durch welchen die Kapitalabfindung festgesetzt wird, ist die Berufung (§. 80) zulässig. Das Rechtsmittel hat in diesem Falle aufschiebende Wirkung. Bis zur Verkündung der Entscheidung kann der Antrag zurückgezogen werden. Die Entscheidung des Schiedsgerichts ist endgültig. Sie kann nur auf Bestätigung oder auf Aufhebung des Bescheids lauten. [2])

Ist der Entschädigungsberechtigte ein Ausländer, so kann er, falls er seinen Wohnsitz im Deutschen Reiche aufgiebt, auf seinen Antrag mit dem dreifachen Betrage der Jahresrente abgefunden werden. Durch Beschluß des Bundesraths kann diese Bestimmung für bestimmte Grenzgebiete oder für die Angehörigen solcher auswärtiger Staaten, durch deren Gesetzgebung deutschen, durch Unfall bei dem Betriebe verletzten Arbeitern eine entsprechende Fürsorge gewährleistet ist, außer Kraft gesetzt werden. [3])

Diese Bestimmungen finden auch Anwendung auf solche Renten, welche vor dem Inkrafttreten dieses Gesetzes festgestellt worden sind. Wird eine solche Abfindung im Laufe der ersten drei Jahre nach Inkrafttreten des Gesetzes ausgesprochen, so ist die Berufsgenossenschaft berechtigt, die erforderlichen Mittel aus dem Reservefonds zu entnehmen. Dieser ist dann nach näherer Anordnung des Reichs-Versicherungsamts (§. 36 Abs. 2) wieder zu ergänzen.

§ 99.

[1]) Der alte § 75 Abs. 2 lautet: „Ist der Berechtigte ein Ausländer, so kann ihn die Genossenschaft für seinen Entschädigungsanspruch mit dem dreifachen Betrag der Jahresrente abfinden." Diese Vorschrift ist jetzt dahin verallgemeinert worden, daß auch sonst eine Kapitalabfindung gestattet sein soll, aber immer nur auf Antrag (vgl. Sten. Ber. S. 5524—5525).

Der jetzige § 99 entspricht dem GUVG. § 95 (s. dazu n. Begr. S. 98 u. 99, sowie Drucksache Nr. 703a S. 4492 bis 4493).

[2]) **Absatz 1** gilt für Inländer wie für Ausländer. Da die Abfindung für die Zukunft jeglichen Anspruch gegen die Genossenschaft beseitigt, insbesondere die Anwendbarkeit des § 92 ausschließt, so ist sie an mancherlei Beschränkungen und Kautelen geknüpft: zulässig nur bei kleinen („fünfzehn" statt zwanzig Prozent auf Antrag des Abg. Roesicke, s. Sten. Ber. S. 5808) Renten (wo eine Kapitalsabfindung oft wirthschaftlich werthvoller ist), auf Antrag, nach Belehrung, nach Anhörung einer Behörde.

Nach einem Beschluß der RK. kann das Schiedsgericht den Bescheid nur aufheben oder bestätigen, also insbesondere nicht auf eine Erhöhung der Abfindung erkennen (vgl. Drucksache Nr. 703a S. 4493).

[3]) **Absatz 2** gilt nur für Ausländer, deren Abfindung jetzt (Beschluß der RK.) aber auch nur auf Antrag erfolgen kann. Im Uebrigen ist, abweichend vom Absatz 1 nur erforderlich, daß der Wohnsitz (BGB. § 7) im Inland aufgegeben wird. Eine weitere Besonderheit ist, daß die Abfindungssumme fixirt ist.

Uebertragung der Ansprüche.

§. 100. [1])

Die Uebertragung der aus diesem Gesetze sich ergebenden Ansprüche auf Dritte sowie deren Verpfändung oder Pfändung hat nur insoweit rechtliche Wirkung, als sie erfolgt:

1. zur Deckung eines Vorschusses, welcher dem Berechtigten auf seine Ansprüche vor Anweisung der Rente oder des Sterbegeldes

von dem Betriebsunternehmer oder einem Genossenschaftsorgan oder dem Mitglied eines solchen Organs gegeben worden ist;

2. zur Deckung der im §. 850 Abs. 4 der Civilprozeßordnung bezeichneten Forderungen;
3. zur Deckung von Forderungen der nach §§. 29, 31 ersatzberechtigten Gemeinden, Armenverbände und der an deren Stelle getretenen Betriebsunternehmer und Kassen, der Krankenkassen sowie der Versicherungsanstalten für Invalidenversicherung. [2])

Die Ansprüche dürfen nur auf geschuldete Beiträge, auf gezahlte Vorschüsse, auf zu Unrecht gezahlte Entschädigungen, auf die zu erstattenden Kosten des Verfahrens, auf die vom Vorstande verhängten Geldstrafen sowie auf die im §. 134 Abs. 1 bezeichneten Regreßansprüche der Berufsgenossenschaften aufgerechnet werden. [3])

Ausnahmsweise darf der Berechtigte den Anspruch ganz oder zum Theil auf Andere übertragen, sofern dies von der unteren Verwaltungsbehörde genehmigt wird. [4])

§ 100.

[1]) Der § 100 enthält eine Fortbildung des alten § 76 in Anlehnung an das Invalidenversicherungsgesetz § 55. Er stimmt überein mit GUVG. § 96.

[2]) **Absatz 1.** Im Eingang ist — mit Rücksicht auf

Rechtsunkundige — der Unzulässigkeit der Verpfändung und Pfändung ausdrücklich Erwähnung gethan (vgl. n. Begr. S. 100), obwohl sich dies schon aus der Unzulässigkeit der Uebertragung ergiebt (BGB. § 1274 Abs. 2; CPO. § 851 Abs. 1).

Nach Ziffer 1 muß der Vorschuß vor Anweisung der Rente (nicht schon vor Feststellung derselben) geleistet sein.

Ziffer 2 trifft die nach näherer Maßgabe von CPO. § 850 Abs. 4 den Verwandten, dem Ehegatten, dem früheren Ehegatten und den unehelichen Kindern kraft Gesetzes zu entrichtenden Unterhaltsbeiträge.

Zu Ziffer 3 vgl. KrVG. § 8, Invalidenversicherungsgesetz § 113.

[3]) **Absatz 2** war erforderlich gegenüber der Regel des BGB. § 394 Satz 1: „soweit eine Forderung der Pfändung nicht unterworfen ist, findet die Aufrechnung gegen die Forderung nicht statt." — Vgl. n. Begr. zu GUVG. § 68 S. 100—101.

[4]) **Absatz 3.** Zu der gleichlautenden Vorschrift des GUVG. § 96 heißt es im Bericht der RK. Drucksache Nr. 703a S. 4494: „Als die Bedeutung der Bestimmung wurde ohne Widerspruch festgestellt, daß durch die Genehmigung der unteren Verwaltungsbehörde lediglich das Verbot der Uebertragung beseitigt wird. Bei der genehmigten Uebertragung des Anspruchs kommen die allgemeinen Grundsätze des BGB. und das Gesetz betr. die Anfechtung von Rechtshandlungen eines Schuldners außerhalb des Konkursverfahrens vom 21. Juli 1879 zur Anwendung."

Auszahlung der Entschädigungen.

§. 101.

Die Auszahlung der auf Grund dieses Gesetzes zu leistenden Entschädigungen wird auf Anweisung des Genossenschaftsvorstandes vorschußweise durch deutsche Postverwaltungen, und zwar in der Regel durch diejenige Postanstalt bewirkt, in deren Bezirke der Heimathshafen des Schiffes, auf welchem der Unfall sich zugetragen hatte, belegen ist.

Der Entschädigungsberechtigte kann jedoch Ueberweisung der Auszahlung an die Postanstalt seines Wohnorts verlangen. [1])

§ 101.

[1]) § 101 giebt den alten § 77 unverändert wieder (vgl. RK. Drucksache Nr. 703a S. 4494).

Wegen des Verfahrens vgl. die Bekanntmachung des Reichsversicherungsamtes vom 7. Dezember 1889 (A. N. 1889 S. 399ff., abgedruckt im Handbuch S. 908ff.).

Liquidationen der Post.

§. 102.

Binnen acht Wochen nach Ablauf jedes Rechnungsjahrs haben die Zentral-Postbehörden dem Genossenschaftsvorstande Nachweisungen der auf seine Anweisung geleisteten Zahlungen zuzustellen und gleichzeitig die Postkassen zu bezeichnen, an welche die zu erstattenden Beträge einzuzahlen sind. [1])

§ 102.

[1]) § 102 giebt den alten § 78 unverändert wieder (ebenso GUVG. § 98). Vgl. unt. § 112.

Der in der neuen Reichstagsvorlage aufgenommene Absatz 2, welcher übereinstimmte mit GUVG. § 70a —

wonach die Zentralpostbehörden berechtigt sein sollten, einen Betriebsfonds von der Genossenschaft einzuziehen — ist in der RK. gestrichen (Drucksache Nr. 703a S. 4495 resp. n. RK. S. 18).

Umlage- und Erhebungsverfahren.

§. 103.

Die von den Zentral-Postverwaltungen zur Erstattung liquidirten Beträge sind von dem Genossenschaftsvorstande gleichzeitig mit den Verwaltungskosten und den Rücklagen zum Reservefonds auf die Genossenschaftsmitglieder umzulegen und von denselben einzuziehen.[1])

Zu diesem Zwecke haben die Unternehmer binnen sechs Wochen nach Ablauf des Rechnungsjahrs dem Genossenschaftsvorstande Nachweisungen einzureichen, aus denen sich ergeben:

a) für jedes Seefahrzeug diejenigen Personen, welche während des abgelaufenen Rechnungsjahrs gemäß §. 1 Abs. 1 Ziffer 2 auf demselben beschäftigt worden sind;

b) für Schlepper- und Leichterbetriebe (§. 10 Abs. 5) sowie für die unter §. 1 Abs. 1 Ziffer 3 fallenden Betriebe diejenigen Personen, welche darin während des abgelaufenen Rechnungsjahrs beschäftigt worden sind;

ferner für alle diese Personen die von ihnen verdienten sowie die in Anrechnung zu bringenden Gehälter und Löhne.[2])

Durch Statut kann vorgeschrieben werden, daß diese Nachweisungen viertel- oder halbjährlich eingereicht und fortlaufend Lohnlisten (Lohnbücher) geführt werden, aus welchen diese Nachweisungen entnommen werden können. Durch Statut kann ferner vorgeschrieben werden, daß diese Lohnlisten (Lohnbücher) drei Jahre lang aufzubewahren sind.[3])

Für Genossenschaftsmitglieder, welche mit der rechtzeitigen Einsendung der Nachweisung im Rückstande sind, werden diese Grundlagen der Umlageberechnung durch den Genossenschaftsvorstand festgestellt.[4])

§ 103.

[1]) **Absatz 1** giebt den alten § 79 Abs. 1 unverändert wieder (vgl. GUVG. § 99 Abs. 1).

In den folgenden Absätzen wird bestimmt, welche Unterlagen der Genossenschaft für solche Umlage zu gewähren sind, während § 104 den Maßstab angiebt, nach welchem die Umlage erfolgt.

[2]) **Absatz 2** hat den Absatz 2 des alten § 79 in Folge der neuen Bestimmungen in den §§ 10, 11 erweitert (vgl. n. RK. S. 19—20). Unter a und b fallen alle Personen mit Ausnahme der Schiffsbesatzungen (§ 1 Nr. 1), sofern es sich nicht um die von Schleppern und Leichtern handelt (§ 10 Abs. 5). Für die sonstigen Schiffsbesatzungen bedarf es der im Abs. 2 bezeichneten Nachweisungen deshalb nicht, weil es für sie nach dem System des SUVG. weder auf die effektive Zahl noch

auf die thatsächlich bezahlten Löhne ankommt (s. § 49, § 10).

[3]) **Absatz 3** entspricht dem § 99 Abs. 3 GUVG.; er soll eine Kontrolle ermöglichen (vgl. n. Begr. S. 101 bis 102 zu GUVG. § 71). Vgl. auch die Strafvorschriften der §§ 143, 144.

[4]) **Absatz 4** giebt den Absatz 3 des alten § 79 wieder unter Streichung der Worte „nach Anhörung des etwa bestellten Vertrauensmannes". Vgl. GUVG. § 99 Abs. 4.

§. 104. [1])

Die Umlegung erfolgt, sofern ein Gefahrentarif aufgestellt ist, nach Maßgabe der Veranlagung, im Uebrigen

a) für Seefahrzeuge mit Ausnahme der Schlepper- und Leichterfahrzeuge — unter Berücksichtigung der nach §§. 54, 55 etwa festgesetzten Zuschläge, Nachlässe oder Beitragserhöhungen — nach Maßgabe derjenigen Beträge, welche sich für jedes Fahrzeug aus der Summe der nach §. 10 berechneten Durchschnittslöhne und -Gehälter für die durch Abschätzung (§. 49) festgestellte Zahl der Besatzung sowie aus der gemäß §. 103 Abs. 2 lit. a eingereichten oder nach §. 103 Abs. 4 festgestellten Lohnnachweisung ergeben;

b) für andere nach Maßgabe dieses Gesetzes versicherte Betriebe nach der gemäß §. 103

Abs. 2 lit. b eingereichten oder nach §. 103 Abs. 4 festgestellten Lohnnachweisung.

Der fünfzehnhundert Mark für Person und Jahr übersteigende Betrag kommt nur mit einem Drittel (§. 12 Abs. 1), der dreitausend Mark übersteigende Betrag nur insoweit in Rechnung, als durch das Statut die Versicherung auf einen höheren Jahresarbeitsverdienst erstreckt ist (§. 6). [2])

§ 104.

[1]) Der § 104 tritt nach § 25 Abs. 2 des Mantelgesetzes erst am 1. Januar 1902 an die Stelle der bisherigen Bestimmungen (vgl. n. RK. S. 26; Anträge Roesicke Nr. 845, 4 u. 852, 1 u. 2 und Sten. Ber. S. 5795) d. h. der Absätze 4 u. 5 des alten § 79, welche lauten:

„Die Umlegung erfolgt, sofern ein Gefahrentarif aufgestellt ist, nach Maßgabe der Veranlagung, im Uebrigen

a) für Seefahrzeuge — unter Berücksichtigung der nach §§ 39 und 40 [jetzt §§ 54, 55] etwa festgesetzten Zuschläge, Nachlässe und Beitragserhöhungen — nach Maßgabe desjenigen Betrags, welcher sich für jedes Fahrzeug aus der Summe der nach § 6 [jetzt dafür § 10] berechneten Durchschnitts-Löhne und -Gehälter für die durch Abschätzung (§ 34 [jetzt § 49]) festgestellte Zahl der Besatzung ergiebt;

b) für andere nach Maßgabe dieses Gesetzes versicherte Betriebe nach der Zahl der Arbeitstage (Abs. 2), indem für je dreihundert Arbeitstage der nach § 7 [jetzt dafür § 11] festgesetzte durchschnittliche Jahresarbeitsverdienst zur Anrechnung gebracht wird.

Der zwölfhundert Mark für Person und Jahr übersteigende Betrag kommt nur mit einem Drittel (§ 9 Abs. 2), der zweitausend Mark übersteigende Betrag nur insoweit in Rechnung, als durch das Statut die Versicherung auf einen höheren Jahresarbeitsverdienst erstreckt ist (§ 5 [jetzt § 6])."

²) Die Aenderungen des § 104 gegenüber dem alten § 79 Abs. 4 u. 5 sind Konsequenzen der Aenderungen in den §§ 10—12. — Ein Gefahrentarif ist nicht aufgestellt, s. ob. zu § 50.

§. 105.

Für Fahrzeuge, welche erweislich ununterbrochen länger als vierzehn Tage hindurch außer Betrieb gewesen sind, ist der Beitrag in demjenigen Verhältnisse zu kürzen, welches der diesen Zeitraum übersteigenden Dauer der Unthätigkeit entspricht. Die Kürzung erfolgt für dasjenige Rechnungsjahr, in welches die angegebene Zeit der Unthätigkeit gefallen ist. Vertheilt sich die ununterbrochene Dauer der Unthätigkeit auf zwei auf einander folgende Rechnungsjahre, so wird die Kürzung insoweit, als sie wegen noch nicht vollendeten Zeitablaufs für das erste Rechnungsjahr noch nicht hat erfolgen können, für das zweite Rechnungsjahr vorgenommen.

Diese Kürzung tritt nicht ein, wenn der Rheder,

Korrespondentrheder oder Bevollmächtigte es unterläßt, binnen sechs Wochen nach Ablauf des Rechnungsjahrs die Dauer der Unthätigkeit des Fahrzeugs in glaubhaft bescheinigter Form dem Genossenschaftsvorstande nachzuweisen. Bei Fahrzeugen, welche beim Ende des Rechnungsjahrs in den Heimathshafen nicht zurückgekehrt waren, kann der Nachweis noch während der ersten sechs Wochen nach der Rückkehr in den Heimathshafen erfolgen. In diesem Falle ist jedoch der Beitrag vorbehaltlich demnächstiger Rückerstattung einstweilen voll zu entrichten. [1])

§ 105.

[1]) Der § 105 giebt den alten § 80 unverändert wieder. In der ersten Vorlage war gesagt „. . . Fahrzeuge, welche . . . länger als sechzig Tage hindurch stillgelegen haben". Die a. RK. S. 25 hat die jetzige Wendung gewählt, um damit nur die Zeit eines eigentlichen „Aufliegens" (z. B. im Winter) zu treffen. Hierbei ist nach dem RVA. (Handbuch zu SUVG. § 80) streng zu verfahren. Ob während des Aufliegens die Genossenschaft ein Risiko trägt oder nicht, ist unerheblich (RVA. a. a. O.).

§. 106.

Eine Kürzung des Beitrags erfolgt auch bei Fahrzeugen, welche im Laufe des Rechnungsjahrs verloren oder verschollen (§§. 862, 863 des Handelsgesetzbuchs) sind. Die Zeit, für welche diese Kürzung erfolgt, beginnt mit dem Tage des Verlustes, bei verschollenen Fahrzeugen mit dem Ablauf eines halben Monats von dem Tage ab, bis zu welchem die letzte Nachricht über das Fahrzeug reicht. Diese Kürzung des Beitrags ist von Amtswegen vorzunehmen, sobald die Thatsachen, durch welche die Kürzung bedingt wird, zur Kenntniß des Genossenschaftsvorstandes gelangen. Bereits bezahlte Beiträge sind nach Verhältniß des deren Kürzung begründenden Anspruchs zurückzuerstatten. [1])

Soweit im Falle des Verlustes eines Schiffes deutsche Seeleute freie Zurückbeförderung oder Mitnahme auf deutschen Seefahrzeugen finden (§. 4), tritt die Kürzung nicht ein, solange die Zurückbeförderung oder Mitnahme dauert. [2])

Als verloren gilt im Sinne dieses Gesetzes ein Fahrzeug auch dann, wenn dasselbe untergegangen, als reparaturunfähig oder reparaturunwürdig kondemnirt und in dem letzteren Falle unverzüglich öffentlich verkauft wird, wenn es geraubt, aufgebracht oder angehalten und für gute Prise erklärt worden ist. [3])

§ 106.

[1]) **Absatz 1** giebt den Abs. 1 des alten § 81 unverändert wieder. Die Kürzung ist hier von Amtswegen, nicht nur auf Antrag wie nach § 105, vorzunehmen.

[2]) **Absatz 2** ist ein Zusatz der neuen Vorlage. Der Grund, daß hier keine Kürzung eintritt, ist der, daß hier mit dem Verlust des Schiffes das Risiko für die

Berufsgenossenschaft nicht, wie nach Abs. 1, beendet ist, sondern wegen der Vorschrift des § 4 fortläuft (n. Begr. S. 148 zu § 81).

[2]) **Absatz 3** giebt den Abs. 2 des alten § 81 unverändert wieder. Vgl. dazu HGB. § 479 i. V. m. SO. § 56.

§. 107.

Auf Grund der vorstehenden Vertheilungsgrundsätze wird von dem Genossenschaftsvorstande der Beitrag berechnet, welcher auf jedes Mitglied der Genossenschaft zur Deckung des Jahresbedarfs entfällt. [1])

Jedem Korrespondentrheder oder Bevollmächtigten (§. 33) und, soweit ein solcher nicht bestellt ist, jedem Mitgliede der Genossenschaft ist ein Auszug aus der zu diesem Zwecke aufzustellenden Heberolle mit der Aufforderung zuzustellen, den festgesetzten Beitrag unter Verrechnung der nach §. 35 erhobenen Vorschüsse bei Vermeidung der zwangsweisen Beitreibung binnen zwei Wochen einzuzahlen. Der Auszug muß diejenigen Angaben enthalten, welche den Zahlungspflichtigen in den Stand setzen, die Richtigkeit der angestellten Beitragsberechnung zu prüfen. [2])

Nach der Zustellung des Auszugs aus der Heberolle ist die Genossenschaft zu einer anderweiten Feststellung des Beitrags befugt, wenn die Abschätzung oder Veranlagung des Betriebs nach

§. 53 nachträglich abgeändert oder Voraussetzungen nachträglich bekannt werden, unter denen eine besondere Belastung einzelner Reisen (§. 55) zu erfolgen hat.

Sind in solchen Fällen oder in Folge unterlassener Anmeldung der Eröffnung eines neuen Betriebs schon in früheren Rechnungsjahren der Genossenschaft Beiträge, auf die sie Anspruch hatte, entgangen, so hat der Unternehmer den Fehlbetrag, soweit nicht Verjährung eingetreten ist (§. 111), nachträglich zu entrichten.

Bei der erneuten oder nachträglichen Feststellung des Beitrags ist ebenso zu verfahren wie bei der erstmaligen Feststellung. [3])

§ 107.

[1]) **Absatz 1** giebt den Abs. 1 des alten § 82 unverändert wieder. — Ueber das Ergebniß aller dieser Berechnungen wird eine Heberolle geführt (s. Abs. 2).

[2]) **Absatz 2** giebt den Abs. 2 des alten § 82 wieder unter Einschaltung der Worte „unter Verrechnung der nach § 35 erhobenen Vorschüsse", welche durch die Neuaufnahme dieses § 35 erforderlich wurde (vgl. GUVG. § 101 Abs. 1 i. V. m. § 30).

Der Auszug aus der Heberolle ist dem Korrespondentrheder oder Bevollmächtigten zuzustellen. Nur wenn solche fehlen, darf die Zustellung an das Genossenschaftsmitglied erfolgen (a. Begr. S. 75), welche alsdann nach § 33 Abs. 3 durch Aushang erfolgen kann!

[3]) **Absatz 3—5** sind eine Neuerung der Reichstagsvorlage; sie entsprechen dem GUVG. § 101 Abs. 2—4 (vgl. n. Begr. dazu S. 106). — Vgl. Note 2 zu 53.

§. 108.

Die Korrespondentrheder oder Bevollmächtigten (§. 33) und, soweit solche nicht bestellt sind, die Mitglieder der Genossenschaft können gegen die Festsetzung der auf den betreffenden Betrieb entfallenen Beiträge binnen zwei Wochen nach Zustellung des Auszugs aus der Heberolle, unbeschadet der Verpflichtung zur vorläufigen Zahlung, Widerspruch bei dem Genossenschaftsvorstand erheben. Wird demselben entweder überhaupt nicht oder nicht in dem beantragten Umfange Folge gegeben, so steht ihnen innerhalb zweier Wochen nach der Zustellung der Entscheidung des Genossenschaftsvorstandes die Beschwerde an das Reichs-Versicherungsamt zu. Mit derselben kann die nach §. 52 erfolgte Veranlagung und Abschätzung nicht angefochten werden. [1])

Die Beschwerde ist nur zulässig, wenn dieselbe sich auf Rechenfehler, auf den irrthümlichen Ansatz des abgeschätzten Bedarfs an Besatzung (§. 49), auf den irrthümlichen Ansatz einer anderen Klasse des Gefahrentarifs, als zu welcher der Betrieb veranlagt ist (§. 50), auf ungenügende Berücksichtigung der auf Grund des §. 54 beschlossenen Nachlässe, auf unrichtige Feststellung der Beschäftigungsdauer und des Jahresarbeitsverdienstes der in anderen als Seeschiffahrtsbetrieben beschäftigten

Personen (§. 104) oder auf ungenügende Abzüge wegen Unthätigkeit des Fahrzeugs (§§. 105, 106) gründet.

Aus den letzteren beiden Gründen ist die Beschwerde jedoch nicht zulässig, wenn die Feststellung durch den Vorstand wegen Verspätung der Anzeige bewirkt worden war (§. 103 Abs. 4) oder wenn die Abzüge wegen nicht rechtzeitiger Erbringung des bescheinigten Nachweises über die Unthätigkeit des Fahrzeugs unterblieben sind (§. 105). [2])

Ergiebt sich nachträglich, daß ein ohne Widerspruch (Abs. 1) bezahlter Beitrag zu Unrecht oder in zu hohem Betrag erhoben worden ist, so kann die Rückerstattung auf dem im Abs. 1 bezeichneten Wege verlangt werden. Der Anspruch verjährt in sechs Monaten nach der Zustellung des Auszugs aus der Heberolle. [3])

§ 108.

[1]) **Absatz 1** giebt den Abs. 1 des alten § 83 unverändert wieder (vgl. GUVG. § 102 Abs. 1). — Zu Satz 3 s. den § 53, der insoweit ein selbständiges Beschwerdeverfahren regelt.

[2]) **Absatz 2 u. 3** geben die Abs. 2 u. 3 des alten § 83 sachlich unverändert wieder. (Vgl. GUVG. § 102 Abs. 2 u. 3.) Im Allgemeinen kann darnach diese Beschwerde nur Irrthümer rügen, nicht aber die materiellen Grundlagen der Veranlagung (vgl. a. Begr. S. 76). S. aber den § 109!

[3]) **Absatz 4** ist ein mit GUVG. § 102 Abs. 5 wörtlich übereinstimmender Zusatz. Die Verjährungsfrist ist von der RK. (Drucksache Nr. 703a S. 4497) festgesetzt.

§. 109.

Sofern nach §. 55 Beitragserhöhungen auferlegt worden sind, kann die Beschwerde (§. 108) auch darauf gegründet werden, daß die thatsächlichen Voraussetzungen für die Anwendung der betreffenden Bestimmungen nicht vorliegen.

Aus diesen Gründen aber ist die Beschwerde nicht zulässig, wenn die für die Berechnung der Beitragserhöhungen angeordneten Nachweise nicht rechtzeitig erbracht worden sind. [1])

§ 109.

[1]) Der § 109 giebt den alten § 84 unverändert wieder. Er enthält eine Ausnahme von der Regel des § 108 Abs. 2.

§. 110.

Tritt in Folge des Widerspruchs oder der Beschwerde eine Herabminderung des Beitrags ein, so ist der Ausfall bei dem Umlageverfahren des nächsten Rechnungsjahrs zu decken. Etwaige Ueberzahlungen sind zu erstatten oder auf den Beitrag für das nächste Rechnungsjahr zu verrechnen.

Diese Vorschriften finden auf den Fall, daß der Verlust eines Fahrzeugs erst nachträglich festgestellt wird, entsprechende Anwendung. [1])

§ 110.

[1]) Der § 110 giebt den alten § 85 unverändert wieder. Vgl. GUVG. § 102 Abs. 4.

§. 111.

Für die Beiträge zur Genossenschaft, die Vorschüsse auf die Beiträge (§. 35) und die Kautionsbeiträge (§. 37 Ziffer 7) haftet der Rheder nicht nur mit Schiff und Fracht, sondern auch persönlich. Mitrheder haften nach dem Verhältniß ihrer Antheile am Schiffe. [1])

Rückständige Beiträge, Vorschüsse auf die Beiträge und Kautionsbeträge werden in derselben Weise beigetrieben wie Gemeindeabgaben. Die Genossenschaft ist befugt, die Beitreibung der einer Rhederei oder einem Mitrheder zur Last fallenden Beträge dem Korrespondentrheder oder Bevollmächtigten zu übertragen. [2])

Der Anspruch auf rückständige Beiträge verjährt, soweit nicht eine absichtliche Hinterziehung vorliegt, in zwei Jahren nach Ablauf des Kalenderjahrs, in welchem sie hätten gezahlt werden müssen. [3])

Uneinziehbare Beiträge fallen der Gesammtheit der Berufsgenossen zur Last. Sie sind vorschußweise aus dem Betriebsfonds oder erforderlichen Falles aus dem Reservefonds der Berufsgenossenschaft zu decken und bei dem Umlageverfahren des nächsten Rechnungsjahrs zu berücksichtigen. [4])

§ 111.

[1]) **Absatz 1** giebt den Abs. 1 des alten § 86 wieder unter Einschiebung der Worte „die Vorschüsse auf die

Beiträge (§ 35)". Andererseits sind gestrichen die Worte „für die Strafzuschläge im Falle der Ablehnung von Wahlen (§ 30 Abs. 3)", weil das neue Gesetz (§ 43 Abs. 3) an die Stelle von Strafzuschlägen eigentliche Strafen gesetzt hat.

Wegen der Haftung vgl. HGB. §§ 486, 487, 507. S. ferner HGB. § 754:

> „Die nachbenannten Forderungen gewähren die Rechte eines Schiffsgläubigers:
>
> 10. Die Forderungen, welche der Berufsgenossenschaft nach den Vorschriften über die Unfallversicherung ... gegen den Rheder zustehen."

Wegen dieser neu in das HGB. aufgenommenen Bestimmung ist der Abs. 2 des alten § 86 gestrichen worden, nachdem er schon durch das Einführungsgesetz z. HGB. Art. 8 Nr. 4 aufgehoben worden war. Dabei ist zu bemerken, daß nach dem alten § 86 das Schiffsgläubigerrecht auch gegeben war „für Vorschüsse, welche ein Mitrheder für den anderen, oder der Korrespondentrheder oder Bevollmächtigte für einen Rheder oder Mitrheder behufs Behändigung der Forderung der Genossenschaft gemacht hat". Das gilt jetzt nicht mehr! (Vgl. Denkschrift z. Entw. eines HGB. S. 286.)

Ueber den Rang dieses Schiffsgläubigerrechts ist (in genauerer Fassung des alten § 86) bestimmt durch Handelsgesetzbuch § 770:

> „Die im § 754 unter Nr. 10 bezeichneten Forderungen stehen allen übrigen Forderungen von Schiffsgläubigern ohne Rücksicht auf die Zeit ihrer Entstehung nach."

[2]) **Absatz 2** entspricht dem Abs. 3 des alten § 86. Vgl. GUVG. § 103 Abs. 1.

[3]) **Absatz 3** ist neu; er entspricht dem GUVG. § 103 Abs. 2 (vgl. n. Begr. S. 107).

[4]) **Absatz 4** giebt den Abs. 4 des alten § 86 wieder. Ebenso GUVG. § 103 Abs. 3.

Abführung der Beträge an die Postkassen.

§. 112.

Der Genossenschaftsvorstand hat die von den Zentral-Postbehörden liquidirten Beträge innerhalb dreier Monate nach Empfang der Liquidationen an die ihm bezeichneten Postkassen abzuführen.

Wenn die Genossenschaft mit der Erstattung der Beträge im Rückstande bleibt, so ist auf Antrag der Zentral-Postbehörden von dem Reichs-Versicherungsamte das Zwangsbeitreibungsverfahren einzuleiten.

Das Reichs-Versicherungsamt ist befugt, zur Deckung der Ansprüche der Postverwaltungen zunächst über bereite Bestände der Genossenschaftskasse zu verfügen. Soweit diese nicht ausreichen, hat dasselbe das Beitreibungsverfahren gegen die Mitglieder der Genossenschaft einzuleiten und bis zur Deckung der Rückstände durchzuführen. [1])

§ 112.

[1]) Der § 112 giebt den alten § 87 unverändert wieder. Ebenso GUVG. § 106. — Vgl. § 102.

Vermögensverwaltung.

§. 113.

Die Einnahmen und Ausgaben der Berufsgenossenschaft sind von allen den Zwecken der letzteren fremden Vereinnahmungen und Verausgabungen gesondert festzustellen und zu verrechnen, ebenso sind die Bestände gesondert zu verwahren.

Das Reichs-Versicherungsamt trifft nach Bedarf Bestimmung über die Aufbewahrung von Werthpapieren. [1])

§ 113.

[1]) Der § 113 entspricht dem GUVG. § 107. — Der Abs. 1 giebt den Abs. 1 Satz 1 des alten § 88 wieder. — Der Abs. 2 ist neu (vgl. n. Begr. S. 109). Die Worte „nach Bedarf" sind von der n. RK. (s. Drucksache Nr. 703a S. 4497) eingeschaltet.

In der Reichstagsvorlage stand noch der Satz: „Das Reichs-Versicherungsamt kann Vorschriften über die Kassen- und Rechnungsführung bei der Berufsgenossenschaft erlassen." Das ist von der n. RK. S. 20 (vgl. Drucksache Nr. 703a S. 4497) gestrichen.

§. 114.

Die Bestände der Berufsgenossenschaft müssen in der durch §§. 1806 bis 1808 des Bürgerlichen Gesetzbuchs bezeichneten Weise angelegt werden.

Außerdem dürfen dieselben in Werthpapieren, welche nach landesgesetzlichen Vorschriften zur Anlegung von Mündelgeldern zugelassen sind, sowie in solchen auf den Inhaber lautenden Pfandbriefen deutscher Hypotheken-Aktienbanken angelegt werden, welche die Reichsbank in Klasse I beleiht. [1])

§ 114.

[1]) Der § 114 entspricht dem GUVG. § 108 (vgl. den Abs. 2 des alten § 88). Darnach gilt hier die vom BGB.

für den Vormund aufgestellte Regel, insbesondere auch der § 1806 BGB., wonach das Geld verzinslich anzulegen ist, soweit es nicht zur Bestreitung von Ausgaben bereitzuhalten ist.

Eine Abweichung von den §§ 1807, 1808 BGB. enthält der Abs. 2, welcher seine jetzige Fassung durch die n. RK. S. 20 (s. Drucksache Nr. 703a S. 4497—4499) und die zweite Plenarberathung (s. Drucksache Nr. 790, Sten. Ber. S. 5525) erhalten hat.

§. 115.

Die Landes-Zentralbehörde desjenigen Bundesstaats, in dessen Gebiete die Berufsgenossenschaft ihren Sitz hat, kann mit Zustimmung der Zentralbehörden derjenigen Bundesstaaten, auf welche sich der Bezirk der Genossenschaft erstreckt, genehmigen, daß die Bestände der Berufsgenossenschaft auch in Darlehen an Gemeinden und weitere Kommunalverbände angelegt werden; sie kann ferner in gleicher Weise anordnen, daß bei der Anlegung des Genossenschaftsvermögens einzelne Gattungen zinstragender Papiere nur bis zu einem näher zu bestimmenden Betrag erworben werden dürfen. Wird eine Einigung nicht erzielt, so kann der Bundesrath die Genehmigung ertheilen oder die Anordnung erlassen.

Die Landes-Zentralbehörde desjenigen Bundesstaats, in dessen Gebiete die Berufsgenossenschaft ihren Sitz hat, kann widerruflich gestatten, daß zeitweilig verfügbare Bestände auch in anderer als der im §. 114 bezeichneten Weise vorübergehend angelegt werden. [1])

§ 115.

[1]) Der § 115 entspricht dem GUVG. § 109. Vgl. dazu die n. Begr. z. GUVG. § 76b S. 110—111. — Im Abs. 2 handelt es sich nur um vorübergehende Belegungen! — Vgl. Invalidenversicherungsgesetz § 164.

§. 116.

Die Berufsgenossenschaft kann mit Genehmigung des Reichs-Versicherungsamts einen Theil ihres Vermögens in anderer als der nach §§. 114, 115 zulässigen Weise, insbesondere in Grundstücken anlegen. Will die Genossenschaft mehr als den vierten Theil ihres Vermögens in dieser Weise anlegen, so bedarf sie dazu außerdem der Genehmigung des Bundesraths. Eine solche Anlage ist jedoch nur in Werthpapieren, oder für die Zwecke der Verwaltung, zur Vermeidung von Vermögensverlusten für die Genossenschaft, oder für solche Veranstaltungen zulässig, welche ausschließlich oder überwiegend der versicherungspflichtigen Bevölkerung zu gute kommen. Mehr als die Hälfte ihres Vermögens darf jedoch die Berufsgenossenschaft in der bezeichneten Weise nicht anlegen. [1])

§ 116.

[1]) Der § 116 entspricht dem GUVG. § 110. Vgl. dazu die n. Begr. z. GUVG. § 76c S. 111. — Vgl. Invalidenversicherungsgesetz § 164.

§. 117.

Ueber die gesammten Rechnungsergebnisse eines Rechnungsjahrs ist nach Abschluß desselben alljährlich dem Bundesrath und dem Reichstag eine vom Reichs-Versicherungsamt aufzustellende Nachweisung vorzulegen.

Als Rechnungsjahr gilt das Kalenderjahr. [1])

§ 117.

[1]) Der § 117 giebt den alten § 89 unverändert wieder. Ebenso jetzt GUVG. § 111.

V. Unfallverhütung. Ueberwachung durch die Genossenschaft.

Unfallverhütung.

§. 118.[1])

Die Genossenschaft ist befugt und kann im Aufsichtsweg angehalten werden, Vorschriften über Einrichtungen und Anordnungen zur Verhütung von Unfällen oder über zu beschaffende Ausrüstungsgegenstände der Fahrzeuge zu erlassen und die Zuwiderhandelnden mit Geldstrafen bis zu eintausend Mark oder mit der Einschätzung in eine höhere Klasse des Gefahrentarifs oder, falls sich das Fahrzeug beziehungsweise der Betrieb bereits in der höchsten Klasse befindet oder ein Gefahrentarif nicht aufgestellt ist, mit Zuschlägen bis zum doppelten Betrag ihrer Beiträge zu bedrohen. Für die Herstellung der vorgeschriebenen Einrichtungen ist den Betriebsunternehmern eine angemessene Frist zu bewilligen.[2])

Die Genossenschaft ist außerdem befugt, solche Vorschriften für bestimmt abzugrenzende Bezirke oder für bestimmte Klassen von Fahrzeugen oder Betrieben zu erlassen.

Die Genossenschaft ist ferner befugt, für die Anbringung und Erhaltung der Einrichtungen sowie für das Vorhandensein der etwa vorgeschriebenen Ausrüstungsgegenstände neben dem Rheder den Schiffsführer für verantwortlich zu erklären und ihm für jede Nachlässigkeit hierin Geldstrafen bis zu einhundert Mark anzudrohen.[3])

§ 118.

[1]) Der § 118 giebt den alten § 90 mit mancherlei Aenderungen wieder (vgl. GUVG. § 112).

[2]) Im **Absatz 1** ist von der RK. (s. Drucksache Nr. 703a S. 4501—4502) eingeschaltet worden „und kann im Aufsichtswege angehalten werden" sowie „und Anordnungen". — Durch die Vorlage ist außer der bisherigen Möglichkeit, Zuschläge anzudrohen (ein Gefahrentarif besteht nicht, s. ob. zu § 50), wahlweise gestattet worden, Geldstrafen aufzulegen bis zu 1000 Mk. Vgl. § 122 Abs. 1.

Die augenblicklich geltenden Unfallverhütungsvorschriften der Seeberufsgenossenschaft sind in Kraft seit dem 1. April 1899, s. dieselben in den A. N. 1899 S. 169ff. (Bek. des RVA. vom 20. Januar 1899), sowie einen Ersten Nachtrag in A. N. 1900 S. 749ff.

In der n. RK. S. 22—23 wurde beantragt, einen § 96a einzuschalten, wonach eine Tiefladelinie und eine Bemannungsskala festzusetzen sei. Das wurde abgelehnt und wiederholt bei der zweiten Berathung im Reichstag (s. Sten. Berichte S. 5526 ff.).

²) In **Absatz 3** hat die n. RK. S. 20 eingeschaltet „neben dem Rheder", nachdem regierungsseitig erklärt war, daß die Verantwortlichkeit des Rheders selbstverständlich und in der Natur der Sache begründet sei. — Zuständig für die Festsetzung dieser Strafen ist das Seemannsamt s. § 122 Abs. 2.

§. 119.[1])

Die zu erlassenden Vorschriften sind vor der Beschlußfassung dem Reichs-Versicherungsamt einzureichen und, sofern die Genossenschaft in Sektionen eingetheilt ist, den Vorständen derjenigen Sektionen, für welche sie Gültigkeit haben sollen, zur Begutachtung vorzulegen.

Zu der Berathung und Beschlußfassung über diese Vorschriften hat der Genossenschaftsvorstand Vertreter der Versicherten mit vollem Stimmrecht und in gleicher Zahl wie die betheiligten Vorstandsmitglieder zuzuziehen.

Das Reichs-Versicherungsamt ist zu der vom Genossenschaftsvorstand anberaumten Sitzung, in welcher über die von der Genossenschaft zu erlassenden Vorschriften berathen und Beschluß gefaßt werden soll, einzuladen.

Sollen die von der Genossenschaft zu erlassenden

Vorschriften nur für den Bezirk einzelner Sektionen Gültigkeit haben, so sind zur Begutachtung durch die Sektionsvorstände auch Vertreter der Arbeiter gemäß Abs. 2 zuzuziehen.

Mit der Einladung zu der zur Begutachtung oder zur Berathung und Beschlußfassung anberaumten Sitzung ist den Vertretern der Arbeiter der Entwurf der Vorschriften zuzustellen, welcher der Begutachtung oder der Berathung und Beschlußfassung unterliegen soll.[2])

§ 119.

[1]) **Vorbemerkung zu den §§ 119—121.** Diese Paragraphen enthalten — an Stelle des alten § 91 — eingehende Bestimmungen, durch welche gehindert werden soll, daß das öffentliche Interesse und namentlich das der Seeleute bei der Ausarbeitung der Unfallverhütungsvorschriften (§ 118) ungenügende Berücksichtigung findet. Entsprechende Vorschriften enthält das GUVG. §§ 113 bis 115 (vgl. n. Begr. S. 112—114), bei deren Berathung in der Reichstagskommission mancherlei Aenderungen vorgenommen sind (s. Drucksache Nr. 703a, S. 4502—4508), welche ohne Weiteres für das SUVG. übernommen sind.

[2]) Der § 119 entspricht dem GUVG. § 113. Das Reichsversicherungsamt, welches nach § 121 Abs. 1 die Unfallverhütungsvorschriften zu genehmigen hat, wird durch § 119 in den Stand gesetzt, sich von vornherein zu orientiren und auf die Gestaltung der Vorschriften einzuwirken.

§. 120.

Die Vertreter der Arbeiter werden aus den zu Vertretern der Versicherten für den Bereich der

Seeschiffahrt berufenen Beisitzern der Schiedsgerichte (§. 3 Abs. 1, §. 4 Abs. 2, §. 5 des Gesetzes, betreffend Abänderung der Unfallversicherungsgesetze), durch das in einer Sitzung des Vorstandes durch den Vorsitzenden zu ziehende Loos berufen. Die Berufung erfolgt auf fünf Jahre; die erste Wahlperiode endet am 1. Januar 1906. Für jeden Vertreter sind ein erster und ein zweiter Ersatzmann zu berufen, welche denselben in Behinderungsfällen zu ersetzen und im Falle des Ausscheidens für den Rest der Periode in der Reihenfolge ihrer Berufung einzutreten haben. Die Bestimmung des §. 47 findet entsprechende Anwendung.

Die Vertreter der Versicherten erhalten Ersatz für entgangenen Arbeitsverdienst und für Reisekosten nach festen von der Genossenschaft zu bestimmenden Sätzen. Die Feststellung erfolgt durch den Vorsitzenden des Vorstandes.[1])

§ 120.

[1]) Nach dem alten § 91 wirkten die für die Versicherten berufenen Beisitzer der Schiedsgerichte bezw. deren Stellvertreter bei der Gestaltung der Unfallverhütungsvorschriften mit. Nachdem im neuen SUVG. die bisherigen Vorschriften über die Schiedsgerichte (die alten §§ 48ff.) fortgelassen sind, weil nach § 3 des Mantelgesetzes an deren Stelle die allgemeinen Schiedsgerichte für Arbeiterversicherung treten (vgl. Note 2 zu § 80), war es erforderlich, Bestimmungen über die Wahl der vom § 119 erforderten Vertreter der Arbeiter zu treffen.

Das ist jetzt im § 120 geschehen. Sein Abs. 1 Satz 2 bis 4 und Abs. 2 entsprechen dem GUVG. § 114 Abs. 3 Satz 1, 2, 5 und Abs. 4.

§. 121.

Die Unfallverhütungsvorschriften bedürfen der Genehmigung des Reichs-Versicherungsamts.

Das Reichs-Versicherungsamt kann anordnen, daß vor der Genehmigung, soweit dies nicht gemäß §. 119 Abs. 4 schon geschehen ist, zur Begutachtung der Vorschriften oder einzelner Theile derselben durch die Sektionsvorstände auch die Vertreter der Arbeiter zuzuziehen sind.

Wenn durch Beschluß der Genossenschaftsversammlung (§. 37 Ziffer 10) die gemäß §. 119 Abs. 2 vom Vorstande und den Vertretern der Arbeiter gefaßten Beschlüsse abgeändert worden sind, so hat das Reichs-Versicherungsamt zu bestimmen, ob die Vorschriften vor deren Genehmigung einer nochmaligen Berathung und Beschlußfassung seitens des Vorstandes und der Vertreter der Arbeiter zu unterwerfen sind. Wenn das Reichs-Versicherungsamt seine Genehmigung von der Abänderung der beschlossenen Vorschriften abhängig macht, so hat es gleichfalls zu bestimmen, ob zur Berathung und Beschlußfassung (§. 119 Abs. 2) über die erforderliche Abänderung die Vertreter der Arbeiter zuzuziehen sind.

Dem Antrag auf Genehmigung ist das über die Verhandlungen bei den Vorständen aufgenommene Protokoll, aus welchem die Abstimmung der Vertreter der Arbeiter ersichtlich sein muß, sowie die gutachtliche Aeußerung der Vorstände derjenigen Sektionen, für welche die Vorschriften Gültigkeit haben sollen, beizufügen. Vor der Genehmigung ist den Landes-Zentralbehörden derjenigen Bundesstaaten, auf deren Gebiete sich die Vorschriften erstrecken sollen, Gelegenheit zu einer Aeußerung zu geben.

Die genehmigten Vorschriften sind durch den Genossenschaftsvorstand den höheren Verwaltungsbehörden, auf deren Bezirke sich die Vorschriften erstrecken, sowie sämmtlichen Seemannsämtern mitzutheilen und in den Geschäftsräumen der letzteren sowie in den Mannschaftslogis öffentlich auszuhängen. Die Seemannsämter sind befugt, bezüglich der Befolgung der Vorschriften Untersuchungen der Fahrzeuge zu veranlassen. [1])

§ 121.

[1]) Der § 121 entspricht dem GUVG. § 115, abgesehen von seinem Abs. 5 Satz 1 zweiter Theil und Satz 2.

Daß die genehmigten Vorschriften auch in den Mannschaftslogis ausgehängt werden sollen, ist ein Zusatz der n. RK. S. 21. Dagegen hat sie es abgelehnt, die Seemannsämter zu verpflichten, die Fahrzeuge auf Befolgung der Vorschriften zu untersuchen, und ferner abgelehnt, daß an diesen Untersuchungen ein Vertreter der Versicherten Theil nehmen müsse.

Solche Untersuchungen können dem Seemannsamt Anlaß geben, n. M. § 122 Abs. 2 mit Strafen vorzugehen, nicht aber kann es die gefundenen Mißstände direkt beseitigen, soweit nicht etwa die Voraussetzungen von SO. § 47 gegeben sind (vgl. a. Begr. S. 79).

§. 122.

Die Festsetzung der im §. 118 Abs. 1 vorgesehenen Geldstrafen sowie die höhere Einschätzung des Betriebs und die Festsetzung von Zuschlägen erfolgt durch den Vorstand der Genossenschaft. Gegen die Verfügung steht dem Betriebsunternehmer innerhalb zweier Wochen nach der Zustellung die Beschwerde an das Reichs-Versicherungsamt zu. [1])

Die Festsetzung der im §. 118 Abs. 3 vorgesehenen Geldstrafen erfolgt durch dasjenige Seemannsamt, welches von der Nachlässigkeit zuerst Kenntniß erhielt. Die Straffestsetzung ist von dem Seemannsamt in das Schiffsjournal einzutragen und sofort vollstreckbar. Gegen die Straffestsetzung steht sowohl dem Schiffsführer wie dem Rheder, Korrespondentrheder oder Bevollmächtigten die Beschwerde an die dem Seemannsamte vorgesetzte Aufsichtsbehörde zu; dieselbe ist spätestens innerhalb zweier Wochen nach Beendigung der Reise zu erheben. [2])

Eine abermalige Straffestsetzung durch dasselbe oder durch ein anderes Seemannsamt ist zulässig, sofern der Schiffsführer nicht nachweist, daß inzwischen die Anordnung nicht hat befolgt werden können. [3])

§ 122.

[1]) **Absatz 1** (prinzipiell ebenso GUVG. § 116). Zuständig ist für diese bis zu 1000 M. gehenden Strafen gegen Betriebsunternehmer nur der Genossenschaftsvorstand. Ein Antrag, daneben auch die Zuständigkeit der Polizeibehörde anzuerkennen, wurde abgelehnt (n. RK. S. 22; Sten. Ber. S. 5525—5526).

Der Satz 2 entspricht dem alten § 92 Abs. 3, jedoch ist die Bestimmung, daß die Einlegung der Beschwerde bei dem Reichs-Versicherungsamt zu erfolgen habe, nicht übernommen.

[2]) **Absatz 2** giebt im Wesentlichen Vorschriften des alten § 92 wieder, setzt aber an die Stelle des Reichsversicherungsamts als Beschwerdeinstanz die dem die Strafe festsetzenden Seemannsamte vorgesetzte Aufsichtsbehörde. Daß bei derselben die Beschwerde eingelegt werden müßte, ist hier ebenso wenig wie im Abs. 1 bestimmt.

Wenn hier z. B. im Falle der Bestrafung des Schiffsführers dem Rheder ein Beschwerderecht gegeben ist, so rechtfertigt sich das mit dem Interesse, welches er daran hat, daß an sein Fahrzeug nicht unberechtigte Forderungen gestellt werden (a. Begr. S. 79 ob.).

[3]) **Absatz 3** giebt den Abs. 2 Satz 1 des alten § 92 wieder.

Ueberwachung.

§. 123. [1])

Die Genossenschaft ist verpflichtet, für die Durchführung der gemäß §. 118 erlassenen Unfallverhütungsvorschriften Sorge zu tragen. Sie ist befugt, durch technische Aufsichtsbeamte die Befolgung der zur Verhütung von Unfällen erlassenen Vorschriften zu überwachen. Sie ist ferner befugt, durch Rechnungsbeamte behufs Prüfung der auf Grund gesetzlicher oder statutarischer Bestimmungen eingereichten Nachweisungen die Schiffsjournale, Musterrollen, Certifikate, Meßbriefe und sonstigen Schiffspapiere sowie die Listen einzusehen, aus welchen die Zahl der Versicherten sowie der Umfang und die Dauer der zurückgelegten Reisen ersichtlich werden. [2])

Die Funktionen des technischen Aufsichtsbeamten und des Rechnungsbeamten können mit Genehmigung des Reichs-Versicherungsamts in einer Person vereinigt werden. [3])

Die Behörden sind verpflichtet, den als solchen legitimirten Rechnungsbeamten der Genossenschaft die auf die Verhältnisse des Fahrzeugs und der Besatzung sich beziehenden Verhandlungen und Urkunden im Geschäftslokale zur Einsicht vorzulegen. Die Rheder, Korrespondentrheder und Bevollmächtigten sowie die Schiffsführer haben den technischen Aufsichtsbeamten auf Erfordern den Zutritt zu den Fahrzeugen sowie die Besichtigung derselben zu gestatten und den Rechnungsbeamten die Schiffspapiere und Listen an Ort und Stelle zur Einsicht vorzulegen. Diese Verpflichtungen bestehen auch gegenüber dem Seemannsamte (§. 122); demselben ist die Eintragung der von ihm verhängten Strafen in das Schiffsjournal zu gestatten. In gleicher Weise haben die anderen Mitglieder der Berufsgenossenschaft die Besichtigung ihres Betriebs zu gestatten und die im Abs. 1 bezeichneten Listen zur Einsicht vorzulegen.

Die Verpflichteten können hierzu auf Antrag der technischen Aufsichtsbeamten oder der Rechnungsbeamten von dem Seemannsamt oder der unteren Verwaltungsbehörde durch Geldstrafen bis zu dreihundert Mark angehalten werden. [4])

§ 123.

[1]) Der § 123 giebt den alten § 93 mit einigen Aenderungen wieder (ähnlich GUVG. § 119).

[2]) Im **Absatz 1** heißt es jetzt, daß die Genossenschaft verpflichtet ist, für die Durchführung der Unfallverhütungsvorschriften (§ 118) Sorge zu tragen, während sie früher hierzu nur „befugt" war (vgl. Drucksache Nr. 703a S. 4509—4510).

[3]) Während der alte § 93 schlechthin von „Beauftragten" sprach, wird jetzt — auf Grund der Beschlüsse der RK., s. Drucksache Nr. 703a S. 4510 — unterschieden zwischen technischen Aufsichtsbeamten und Rechnungsbeamten. Die Genossenschaft muß daher, um ihrer Pflicht genügen zu können, Beamte beider Kategorien anstellen, wovon sie jedoch nach **Absatz 2** vom Reichs-Versicherungsamt dispensirt werden kann (s. Antrag v. Bloedau u. Gen., Drucksache Nr. 783[4] und Antrag Roesicke, Drucksache Nr. 851[4], Sten. Ber. S. 5526, 5809).

Eine Vorschrift, wie sie SUVG. § 120 (s. schon UVG. § 83) enthält, daß Sachverständige an Stelle der technischen Aufsichtsbeamten untersuchen, enthält das SUVG. nicht (vgl. a. Begr. S. 79, cit. zu § 147 a. E.).

[4]) Zu **Absatz 4** wegen der Befugniß der Seemannsämter vgl. § 121 Abs. 5 Satz 2.

§. 124.

Die Mitglieder des Genossenschaftsvorstandes und der Sektionsvorstände sowie deren technische Aufsichtsbeamte und Rechnungsbeamte (§. 123) haben über die Thatsachen, welche durch die Ueberwachung und Kontrole der Betriebe zu ihrer Kenntniß kommen, Verschwiegenheit zu beobachten. Die technischen Aufsichtsbeamten und Rechnungsbeamten sind hierauf von der unteren Verwaltungsbehörde ihres Wohnorts zu beeidigen. [1])

§ 124.

[1]) Der § 124 giebt den alten § 94 unverändert wieder, nur daß auch hier nicht mehr von „Beauftragten" schlechthin gesprochen wird (vgl. Note 3 zu § 123). Entsprechend GUVG. § 121.

§. 125.

Namen und Wohnsitz der technischen Aufsichtsbeamten und Rechnungsbeamten sind von dem Genossenschaftsvorstande den höheren Verwaltungsbehörden, auf deren Bezirke sich ihre Thätigkeit erstreckt, anzuzeigen.

Die Genossenschaft ist verpflichtet, über die

Ueberwachungsthätigkeit der technischen Aufsichtsbeamten und deren Ergebnisse dem Reichs-Versicherungsamte Bericht zu erstatten und den höheren Verwaltungsbehörden oder den von diesen bezeichneten Behörden und Beamten auf Ersuchen Mittheilung zu machen. [1])

§ 125.

[1]) Der § 125, welchem i. A. GUVG. § 123 entspricht, giebt den alten § 95 wieder, unterscheidet aber zwischen Rechnungsbeamten und technischen Aufsichtsbeamten (s. Note 3 zu § 123) und verpflichtet ferner noch zur Berichterstattung an das Reichs-Versicherungsamt.

§. 126.

Die durch die Ueberwachung und Kontrole der Betriebe entstehenden Kosten gehören zu den Verwaltungskosten der Genossenschaft.

Wenn ein Betriebsunternehmer durch Nichterfüllung der ihm obliegenden Verpflichtungen zur Aufwendung solcher Kosten Anlaß gegeben hat, so kann der Vorstand diese Kosten, soweit sie in baaren Auslagen bestehen, dem Betriebsunternehmer auferlegen und gegen diesen außerdem eine Geldstrafe bis zu einhundert Mark verhängen.

Gegen die Auferlegung dieser Kosten und Geldstrafen findet innerhalb zweier Wochen nach Zustellung des Beschlusses die Beschwerde an das Reichs-Versicherungsamt statt. Die Beitreibung erfolgt in derselben Weise wie bei Gemeindeabgaben.[1])

§ 126.

[1]) Der § 126 entspricht dem GUVG. § 124 und giebt den alten § 96 wieder mit der Neuerung, daß jetzt auch eine Geldstrafe verhängt werden kann.

Wenn es im alten § 96 hieß, daß derartig gegen den Betriebsunternehmer vorgegangen werden kann, „wenn dieser oder wenn der Korrespondentrheder, Bevollmächtigte oder Schiffsführer" die Verpflichtungen nicht erfüllt hatte, so ist daran sachlich nichts geändert (vgl. Note 3 zu § 118).

VI. Beaufsichtigung der Genossenschaft.

§. 127.

Die Genossenschaft unterliegt in Bezug auf die Befolgung dieses Gesetzes der Beaufsichtigung durch das Reichs-Versicherungsamt. Die Aufsicht hat sich auf die Beobachtung der gesetzlichen und statutarischen Vorschriften zu erstrecken.[1])

Das Reichs-Versicherungsamt ist befugt, jederzeit eine Prüfung der Geschäftsführung der Genossenschaft vorzunehmen.

Die Vorstandsmitglieder, Vertrauensmänner und Beamten der Genossenschaft sind auf Erfordern des Reichs-Versicherungsamts zur Vorlegung ihrer Bücher, Beläge und ihrer auf den Inhalt der Bücher bezüglichen Korrespondenzen sowie der auf die Festsetzungen der Entschädigungen und Jahresbeiträge bezüglichen Schriftstücke an die Beauftragten des Reichs-Versicherungsamts oder an das letztere selbst verpflichtet. Dieselben können hierzu durch Geldstrafen bis zu eintausend Mark angehalten werden.[2])

Der Aufsicht des Reichs-Versicherungsamts unterstehen ferner die von der Berufsgenossenschaft errichteten oder unterhaltenen Heilanstalten. Das Reichs-Versicherungsamt kann zu den zum Zwecke der Aufsicht stattfindenden Revisionen Vertreter der Berufsgenossenschaft und der Versicherten zuziehen.[3])

§ 127.

[1]) **Absatz 1** Satz 1 giebt den alten § 97 Abs. 1, Satz 2 den alten § 98 Abs. 1 Satz 1 wieder. Ebenso GUVG. § 125 Abs. 1.

Die weiteren Vorschriften des alten § 97 über die Besetzung des Reichs-Versicherungsamts sind ersetzt durch das Mantelgesetz §§ 11 ff.

[2]) **Absatz 2 u. 3** geben den alten § 98 Abs. 2 u. 3 unverändert wieder. Ebenso GUVG. § 125 Abs. 2 u. 3.

[3]) **Absatz 4** ist neu; er entspricht dem GUVG. § 125 Abs. 4. Vgl. ob. § 17.

In der n. RK. S. 23/24 wurde der Antrag gestellt, im Abs. 4 Satz 2 „muß" statt „kann" zu setzen, aber abgelehnt. — In diesem Satz 2 soll „der Hinweis auf die Zuziehung von Vertretern der Berufsgenossenschaft und der Arbeiter die Revisionen fruchtbringender gestalten" (n. Begr. S. 115).

§. 128.

Das Reichs-Versicherungsamt entscheidet, unbeschadet der Rechte Dritter, über Streitigkeiten, welche sich auf die Rechte und Pflichten der Inhaber der Genossenschaftsämter, auf die Auslegung der Statuten und die Gültigkeit der vollzogenen Wahlen beziehen. Dasselbe kann die Inhaber der Genossenschaftsämter zur Befolgung der gesetzlichen und statutarischen Vorschriften durch Geldstrafen bis zu eintausend Mark anhalten. [1])

§ 128.

[1]) Der § 128 giebt den alten § 99 unverändert wieder. Ebenso GUVG. § 126. —

Die hier im alten Gesetz folgenden vom Reichs-Versicherungsamt handelnden §§ 100, 101 sind gestrichen, weil ersetzt durch die §§ 16, 19 des Mantelgesetzes.

VII. Reichs- und Staatsbetriebe.

§. 129.

Für Betriebe des Reichs oder eines Bundesstaats tritt bei Anwendung dieses Gesetzes an die Stelle der Berufsgenossenschaft das Reich beziehungsweise der Bundesstaat. Die Befugnisse und Obliegenheiten der Genossenschaftsversammlung und des Genossenschaftsvorstandes werden durch Ausführungsbehörden wahrgenommen, welche für das Reich vom Reichskanzler, für den Bundesstaat von der Landes-Zentralbehörde zu bezeichnen sind. Dem Reichs-Versicherungsamt ist mitzutheilen, welche Behörden als Ausführungsbehörden bezeichnet worden sind.

Die Bestimmungen des vorhergehenden Absatzes

finden keine Anwendung, soweit der Reichskanzler beziehungsweise die Landes-Zentralbehörde erklärt, daß Betriebe dieser Art der Berufsgenossenschaft angehören sollen. [1])

§ 129.

[1]) Der § 129 giebt den alten § 102 unverändert wieder, nur daß es jetzt im Abs. 2 „Landes-Zentralbehörde" heißt statt „Landesregierung".

Die Reichs- und Staatsbetriebe fallen darnach gleichfalls unter das SUVG. (vgl. GUVG. § 128), aber nicht unter die Seeberufsgenossenschaft, sofern sie nicht auf ihre Sonderstellung verzichten. Letzteres ist nach A. N. 1889 S. 308 geschehen seitens Bremen und Mecklenburg-Schwerin. S. ferner Handbuch zu SUVG. § 102.

§. 130.

Soweit das Reich oder ein Bundesstaat an die Stelle der Berufsgenossenschaft tritt, finden die §§. 32 bis 64, 103 bis 111, 112 Abs. 2, 3, §§. 113 bis 116, 118 bis 128, 143 bis 147 keine Anwendung. [1])

§ 130.

[1]) Der § 130 entspricht dem alten § 103 (vgl. GUVG. § 129). Soweit hier keine Bestimmungen des SUVG. aufgezählt sind, finden dieselben im Uebrigen Anwendung auch auf diese Staatsbetriebe.

Im alten § 103 war auch der § 78 (jetzt § 102) als nicht anwendbar aufgeführt. Das ist geändert (vgl. n. Begr. S. 149 zu § 103). —

Die hier im alten Gesetz folgenden §§ 104, 105, welche sich mit den Vertretern der Versicherten im Schiedsgericht befassen, sind gestrichen in Konsequenz des Wegfalls der alten §§ 48 ff. Jetzt gilt dafür das Mantelgesetz §§ 3 ff.

§. 131.

Die Feststellung der Entschädigungen (§. 74) erfolgt durch die in den Ausführungsvorschriften zu bezeichnende Behörde.[1])

§ 131.

[1]) Der § 131 giebt den alten § 106 unverändert wieder.

Der im alten Gesetz hier folgende § 107 ist gestrichen, da er sich auf den gestrichenen Abs. 1 des alten § 70 (jetzt § 80) bezog.

§. 132.

Die zur Durchführung der Bestimmungen in §§. 129 bis 131 erforderlichen Ausführungsvorschriften sind für die Reichsverwaltungen vom Reichskanzler, für die Landesverwaltungen von der Landes-Zentralbehörde zu erlassen.[1])

§ 132.

[1]) Der § 132 giebt den alten § 108 sachlich unverändert wieder.

VIII. Schluß- und Strafbestimmungen.

Haftpflicht der Betriebsunternehmer und Betriebsbeamten.

§. 133.[1])

Die nach Maßgabe dieses Gesetzes versicherten Personen und die in §§. 22 bis 25 bezeichneten Hinterbliebenen können, auch wenn sie einen Anspruch auf Rente nicht haben, einen Anspruch auf Ersatz des in Folge eines Unfalls erlittenen Schadens gegen den Betriebsunternehmer, gegen einen Mitrheder, Lootsen, Bevollmächtigten oder Repräsentanten, Betriebs- oder Arbeiteraufseher oder eine Person der Schiffsbesatzung desjenigen Fahrzeugs beziehungsweise Betriebs, in welchem der Unfall sich ereignet hat, nur dann geltend machen, wenn durch strafgerichtliches Urtheil festgestellt worden ist, daß der in Anspruch Genommene den Unfall vorsätzlich herbeigeführt hat. [2])

In diesem Falle beschränkt sich der Anspruch auf den Betrag, um welchen die den Berechtigten nach anderen gesetzlichen Vorschriften gebührende Entschädigung diejenige übersteigt, auf welche sie nach diesem Gesetz Anspruch haben. [3])

Auf die durch §§. 553 ff. des Handelsgesetzbuchs, §§. 48 ff. der Seemannsordnung und §. 14 dieses Gesetzes begründete Fürsorgepflicht findet diese Bestimmung keine Anwendung. [4])

Für das über einen solchen Anspruch erkennende ordentliche Gericht ist die Entscheidung bindend, welche in dem durch dieses Gesetz geordneten Verfahren rechtskräftig über die Frage ergeht, ob ein Unfall vorliegt, für welchen aus der Unfallversicherung Entschädigung zu leisten ist, und in welchem Umfang Entschädigung zu gewähren ist. [5])

§ 133.

[1]) **Vorbemerkung zu den §§ 133–138.** Diese Paragraphen enthalten, ebenso wie GUVG. §§ 135–140 (vgl. schon UVG. §§ 95–98), eigenartige Beschränkungen der sich aus den sonstigen gesetzlichen Vorschriften (namentlich den §§ 485, 486 HGB.) ergebenden Haftpflicht der Betriebsunternehmer und gewisser in den §§ 133, 134 aufgezählter „Betriebsbeamte“. Sie sollen den n. M. des SUVG. versicherten Personen und deren Hinterbliebenen — da diesen die Wohlthaten des SUVG. und zwar auf alleinige Kosten der Betriebunternehmer schon zukommen und das selbst dann, wenn die Versicherten den Unfall, wenn nur nicht vorsätzlich, herbeigeführt hatten (§ 8) — für die Folgen von Betriebsunfällen nur haften, wenn sie dieselben vorsätzlich herbeiführten, und das regelmäßig auch nur dann, wenn solcher Vorsatz durch strafgerichtliches Urtheil (s. jedoch § 137) festgestellt ist (§ 133). Und weiter ist die Haftung der bezeichneten Personen auf Ersatz der Aufwendungen der Berufsgenossenschaft und der Krankenkassen diesen gegenüber ähnlich eingeschränkt durch § 134 (vgl. § 137).

[2]) **Absatz 1** giebt den Absatz 1 des alten § 109 wieder, jedoch unter näherer Bezeichnung der „Hinterbliebenen“ und unter Einschaltung des Satzes „auch wenn sie einen Anspruch auf Rente nicht haben“. Vgl. GUVG. § 135 Abs. 1.

a) „Die nach Maßgabe dieses Gesetzes versicherten Personen“ sind nicht nur die im § 1 genannten, sondern auch die auf Grund des Statuts Versicherten (§§ 5, 7). Vgl. Handbuch N. 2 zu UVG. § 95.

b) Die Hinterbliebenen sind jetzt in den §§ 22 bis 25 genau bezeichnet. Durch den Zusatz „auch wenn sie einen Anspruch auf Rente nicht haben“ soll es ausgeschlossen werden, daß z. B. Ascendenten, die nicht bedürftig sind, außerhalb der

Grenzen des § 133 den Unternehmer in Anspruch nehmen können und dadurch vielleicht besser gestellt wären, als wenn sie eine Rente bekämen (s. n. Begr. z. GUVG. § 95, S. 118).

c) Ersatz des in Folge eines Unfalls erlittenen Schadens. Der § 133 befaßt sich, wie schon UVG. § 95, nur mit Ansprüchen aus „Betriebsunfällen" i. S. des § 1 (s. Note 7 dazu); vgl. Reichsgericht XXIV S. 118 ff. Ansprüche aus Nicht-Betriebsunfällen bleiben vom SUVG. unberührt. Ob ein Betriebsunfall vorliegt, hat das angerufene Gericht zu prüfen (Reichsgericht XXXVI S. 45; s. jetzt aber den Abs. 4 des § 133!). Stellt es einen Betriebsunfall fest, so hat es abzuweisen, weil dann ein vor den ordentlichen Gerichten verfolgbarer Anspruch nicht besteht, nicht aber ist der Rechtsweg für unzulässig zu erklären (Reichsgericht XXI Nr. 15, XXXVI Nr. 11; Hans. OLG. in Hans. Ger.-Zeitg. Beiblatt 1894 Nr. 2).

d) Die Ansprüche aus Betriebsunfällen sind durch § 133 nur dann beschränkt, wenn sie gegen den Betriebsunternehmer und die übrigen im Gesetz genannten Personen gerichtet sind. Dazu heißt es in der n. Begr. z. GUVG. § 95 S. 117: „Danach läßt der Paragraph Ansprüche der Versicherten gegen solche Personen, welche nicht ihre Arbeitgeber oder Beauftragte 2c. der letzteren sind, unberührt; er regelt ausschließlich die Verhältnisse zwischen dem Versicherten und seinem Arbeitgeber, dessen Bevollmächtigten, Repräsentanten, Betriebs- oder Arbeitsaufsehern" (vgl. Reichsgericht XXIII Nr. 11, XXVII Nr. 31). Und in der a. Begr. S. 80 heißt es: „Die durch die Art. 451, 452 [jetzt §§ 485, 486] HGB. begründete civilrechtliche Haftpflicht des Rheders für den Schaden, welchen eine Person der Besatzung eines Fahrzeuges in Ausführung ihrer Dienstverrichtungen einem Anderen schuldhaft zufügt, wird hierdurch insoweit beseitigt, als es sich um die Ansprüche der versicherten Mannschaft dieses Fahrzeuges oder ihrer Hinterbliebenen handelt. Die Haftpflicht bleibt aber vorbehaltlich des" § 138 Absatz 1 „unberührt, soweit durch das Verhalten der Schiffsbesatzung andere Personen", wie namentlich die Passagiere, „oder soweit fremdes Eigenthum geschädigt worden sind".

e) Diese Einschränkungen der regelmäßigen Haftpflicht durch den § 133 greifen aber ausnahmsweise dann nicht Platz, wenn durch strafgerichtliches Urtheil festgestellt ist, daß der in Anspruch Genommene den Unfall vorsätzlich herbeigeführt hat. Diese Feststellung, nicht die Bestrafung, ist das formelle Erforderniß für solchen Anspruch (vgl. Handbuch N. 3a zu UVG. § 96), wovon nur § 137 eine Ausnahme macht. Dagegen hat der Civilrichter nachzuprüfen, ob der Verurtheilte Betriebsunternehmer ꝛc. war (Hans. OLG. in Hans. Ger.-Zeitg. Beiblatt 1889 Nr. 123, 1894 Nr. 61 zum UVG.). — Was hier beansprucht werden kann, sagt Abs. 2.

Ein Antrag, auch die entsprechende Feststellung des Seeamts genügen zu lassen, ist in der n. RK. S. 24 wie bei der zweiten Berathung im Reichstag (Sten. Ber. S. 5530) abgelehnt worden.

[3]) **Absatz 2** giebt den Abs. 2 des alten § 109 wieder (ebenso GUVG. § 135 Abs. 2), nur daß statt „bestehenden" jetzt (s. Drucksache Nr. 703a S. 4514) „anderen" gesagt ist.

Der Absatz 2 bezieht sich auf den in Note 1e erörterten Fall.

[4]) **Absatz 3** giebt den Absatz 3 des alten § 109 un-

verändert wieder, wozu es in der a. Begr. S. 81 heißt: dies „war zur Vermeidung von Mißverständnissen erforderlich, nachdem diese Fürsorgepflicht durch den Entwurf aufrecht erhalten ist".

[5]) **Absatz 4** ist eine dem GUVG. § 135 Abs. 3 entsprechende Neuerung, welche bedeutsam ist für Fälle, wo der vom Versicherten beim Gericht Belangte Abweisung beantragt, weil ein Betriebsunfall vorliege und der Kläger deshalb nur n. M. des SUVG. Entschädigung in dessen Instanzenzug begehren könne (vgl. ob. Note 2, c). Hierzu heißt es in der n. Begr. z. GUVG. § 95 S. 118: „Wenn die Entscheidung auch über diesen Punkt dem ordentlichen Gericht überlassen bleibt, so kann es sich ereignen, daß Verletzte bei verschiedener Beurtheilung der Frage durch die Gerichte einerseits und die Genossenschaft, das Schiedsgericht und das Versicherungsamt andererseits ungerechtfertigterweise entweder keine oder eine doppelte Entschädigung erstreiten." Dem solle der Absatz 4 entgegentreten. „Wenn in einem anhängigen Rechtsstreite, bevor eine solche Entscheidung ergangen ist, ein begründeter Zweifel über die in Rede stehende Frage hervortritt, so sind die ordentlichen Gerichte nach § 148 der Civilprozeßordnung in der Lage, die Verhandlung bis dahin, daß die Entscheidung erfolgt ist, auszusetzen und dadurch der Gefahr einer verschiedenartigen Beurtheilung vorzubeugen."

§. 134.

Diejenigen Betriebsunternehmer, Mitrheder, Lootsen, Bevollmächtigten oder Repräsentanten, Betriebs- oder Arbeiteraufseher oder Personen der Schiffsbesatzung, gegen welche durch strafgerichtliches Urtheil festgestellt worden ist, daß sie den Unfall vorsätzlich oder durch Fahrlässigkeit mit

Außerachtlassung derjenigen Aufmerksamkeit, zu der sie vermöge ihres Amtes, Berufs oder Gewerbes besonders verpflichtet sind, herbeigeführt haben, haften für alle Aufwendungen, welche in Folge des Unfalls auf Grund dieses Gesetzes oder des Krankenversicherungsgesetzes von den Gemeinden, Armenverbänden, Krankenkassen und sonstigen Unterstützungskassen (§. 29 Abs. 1) gemacht worden sind. [1]) Dieselben Personen haften der Genossenschaft für deren Aufwendungen auch ohne Feststellung durch strafgerichtliches Urtheil. Ist der Unfall durch Fahrlässigkeit mit Außerachtlassung derjenigen Aufmerksamkeit, zu der sie vermöge ihres Amtes, Berufs oder Gewerbes verpflichtet sind, herbeigeführt, so ist die Genossenschaftsversammlung befugt, von der Verfolgung des Anspruchs abzusehen. Durch das Statut kann diese Befugniß auf den Vorstand übertragen werden. [2])

In gleicher Weise haftet als Betriebsunternehmer eine Aktiengesellschaft, eine Innung oder eingetragene Genossenschaft für die durch ein Mitglied ihres Vorstandes sowie eine Handelsgesellschaft, eine Innung oder eingetragene Genossenschaft für die durch einen der Liquidatoren herbeigeführten Unfälle. [3])

Als Ersatz für die Rente kann in diesen Fällen deren Kapitalwerth gefordert werden. [4])

§ 134.

[1]) **Absatz 1 Satz 1** (entsprechend GUVG. § 136) giebt den Absatz 1 des alten § 110 wieder, nennt aber nicht nur die Krankenkassen als ersatzberechtigt, sondern ferner die Gemeinden, die Armenverbände und die „sonstigen Unterstützungskassen", während die Genossenschaft hier (s. aber Satz 2!) nicht mehr genannt ist.

Auch hier ist eine Einschränkung der sich aus allgemeinen Rechtssätzen ergebenden Haftpflicht gewollt. Die bezeichneten Kassen u. s. w. sollen beschränkt sein auf den Anspruch auf Erstattung gemachter Aufwendungen im bezeichneten Umfang und haben solchen Anspruch nur gegen denjenigen schuldigen Betriebsunternehmer oder dessen schuldigen Angestellten (vgl. Note 2, d zu § 133), gegen welchen die im Gesetz bezeichnete strafgerichtliche Feststellung getroffen ist (s. jedoch § 137). Vgl. Note 2, e zu § 133, doch ist zu beachten, daß hier schon die Feststellung von „Fahrlässigkeit mit Außerachtlassung derjenigen Aufmerksamkeit, zu der sie vermöge ihres Amtes, Berufs oder Gewerbes besonders verpflichtet sind" (vgl. StGB. § 232) genügt. Zu diesem Satz 1 heißt es in der a. Begr. S. 80: „Die Kassen rc. haben „nur gegen die Person dessen, der den Schaden selbst herbeigeführt hat, einen Schadensanspruch, ihnen haftet also der Rheder in dem Falle, wenn seine Angestellten den Schaden herbeigeführt haben, nicht. Die durch Art. 478—481 [§§ 511—514] HGB. begründete Haftpflicht des Schiffers wird, soweit es sich um die versicherte Besatzung des von ihm geführten Fahrzeugs handelt, auf den Fall der strafgerichtlichen Verurtheilung wegen vorsätzlicher Herbeiführung des Unfalls beschränkt; sie bleibt aber, ganz abgesehen von der Verhaftung für Beschädigungen des Eigenthums, gegenüber allen Dritten, insbesondere also gegenüber den Reisenden, sowie versicherten anderen Personen, jedoch auch hier unbeschadet der besonderen Bestimmungen für Schiffskollisionen [s.

§ 138 Abs. 1], unberührt. Nur die Genossenschaft, welche aus Anlaß des Unfalls Entschädigungen hat zahlen müssen, wird mit ihren Ansprüchen gegen den Schiffer auf die Fälle strafrechtlicher Verurtheilung wegen Vorsatz oder kriminell strafbaren Verschuldens beschränkt."

[2]) **Absatz 1 Satz 2—4.** (Ebenso GUVG. § 136). Für die Genossenschaft gilt prinzipiell das Gleiche, wie in Note 1 für die Kassen 2c. ausgeführt, nur ist die Stellung der Genossenschaft jetzt freier gestaltet. Es bedarf hier der Feststellung durch strafgerichtliches Urtheil nicht! (Antrag Dr. Opfergelt u. Gen., Drucksache Nr. 861[1]; Sten. Ber. S. 5809, s. auch S. 5779—5780). Andererseits ist der Genossenschaft Freiheit gegeben in der Verfolgung solcher Ansprüche, und will sie solche geltend machen, so ist der Ersatzpflichtige noch durch die Bestimmungen des § 135 geschützt.

[3]) **Absatz 2** giebt den Absatz 2 des alten § 110 unverändert wieder. Ebenso GUVG. § 136 Abs. 2.

[4]) **Absatz 3** giebt den Absatz 3 des alten § 110 unverändert wieder. Ebenso GUVG. § 136 Abs. 3. — Vgl. Handbuch N. 7 u. 8 zu UVG. § 96.

§. 135.

Will der Vorstand den Ersatzanspruch aus §. 134 Abs. 1 Satz 3 geltend machen, so hat er den Beschluß dem Ersatzpflichtigen schriftlich mitzutheilen. Der Ersatzpflichtige kann hiergegen die Beschlußfassung der Genossenschaftsversammlung anrufen.

Die Klage darf nicht vor Ablauf eines Monats nach der Zustellung dieser Mittheilung und nur dann angestellt werden, wenn nicht innerhalb dieser

Frist die Beschlußfassung seitens des Ersatzpflichtigen angerufen ist. Ist letzteres der Fall, so ist die Beschlußfassung der Genossenschaftsversammlung abzuwarten. [1])

§ 135.

[1]) Der § 135 entspricht dem GUVG. § 137. Es handelt sich dabei um eine Neuerung der Reichstagskommission anläßlich der freieren Stellung der Genossenschaft in Folge des Satzes 2 Abs. 1 § 134 (vgl. Drucksache Nr. 703a S. 4515—4516). Die endgültige Fassung beruht auf einem Antrag Dr. Opfergelt u. Gen., Drucksache Nr. 861[2]; s. Sten. Ber. S. 5809, auch S. 5779 bis 5780.

§. 136.

Der Anspruch (§. 134 Abs. 1 Satz 1) verjährt in achtzehn Monaten von dem Tage, an welchem das strafgerichtliche Urtheil rechtskräftig geworden ist, im Uebrigen in zwei Jahren nach dem Unfalle. Die Anrufung der Beschlußfassung der Genossenschaftsversammlung (§. 135 Abs. 1) unterbricht die Verjährung.

Die Bestimmung des §. 133 Abs. 4 findet Anwendung. [1])

§ 136.

[1]) Der § 136 entspricht dem GUVG. § 138. Es handelt sich dabei um eine Ergänzung des § 134, zu dem er in der Vorlage gehörte. In Veranlassung der Aenderungen im § 134 Abs. 1 Satz 2 ff. ist dann der § 136 auf Antrag Dr. Opfergelt u. Gen. (Drucksache

Nr. 861[3]) neu gefaßt worden (s. Sten. Ber. S. 5810, auch S. 5780).

Darnach gilt die Verjährungsfrist von 18 Monaten nur für den Fall des § 134 Abs. 1 Satz 1 (nicht etwa auch für § 133 Abs. 1!); die von 2 Jahren für den Fall des § 134 Abs. 1 Satz 2. Nur für diesen letzteren Fall gilt die Vorschrift im § 136 Abs. 1 Satz 2. Der Absatz 2 trifft beide Fälle des § 134.

§. 137.

Die in den §§. 133, 134 bezeichneten Ansprüche können, auch ohne daß die daselbst vorgesehene Feststellung durch strafgerichtliches Urtheil stattgefunden hat, geltend gemacht werden, falls diese Feststellung wegen des Todes oder der Abwesenheit des Betreffenden oder aus einem anderen in seiner Person liegenden Grunde nicht erfolgen kann. [1])

§ 137.

[1]) Der § 137 entspricht dem GUVG. § 139; er giebt den alten § 111 sachlich unverändert wieder.

Wer klagt, ohne daß die strafgerichtliche Feststellung vorliegt (§ 133 Abs. 1, § 134 Abs. 1 Satz 1), muß beweisen, daß der § 137 erfüllt ist.

Haftung Dritter.

§. 138.

Bei Zusammenstößen mehrerer unter dieses Gesetz fallender Fahrzeuge finden die Bestimmungen der §§. 133 bis 137 auf die Rheder oder Mitrheder, Lootsen, Bevollmächtigten und Repräsentanten, Betriebsaufseher oder Personen der Schiffsbesatzungen sämmtlicher bei dem Zusammenstoße betheiligten Fahrzeuge Anwendung.[1])

Im Uebrigen bestimmt sich die Haftung dritter, in den §§. 133, 134 nicht bezeichneter Personen, nach den sonstigen gesetzlichen Vorschriften. Insoweit den nach Maßgabe dieses Gesetzes entschädigungsberechtigten Personen ein gesetzlicher Anspruch auf Ersatz des ihnen durch den Unfall entstandenen Schadens gegen Dritte erwachsen ist, geht dieser Anspruch auf die Berufsgenossenschaft im Umfang ihrer durch dieses Gesetz begründeten Entschädigungspflicht über.

§ 138.

[1]) **Absatz 1** giebt den Absatz 1 des alten § 112 unverändert wieder. Es heißt hierzu in der a. Begr. S. 81: „Bei Kollisionen mehrerer unter diesen Entwurf fallender" d. h. also deutscher „Fahrzeuge würde die bedingungslose Anwendung dieser" Bestimmungen der §§ 133 ff. „die unerwünschte Folge haben, daß Rheder und Schiffer des einen Fahrzeuges der Besatzung des anderen Fahrzeuges, welcher sie in dem Verhältniß eines Dritten gegenüberstehen, ersatzpflichtig" wären, während sie doch entlastet werden sollen, wo für die Besatzung dieses anderen Fahrzeuges auch schon durch das SUVG. gesorgt ist! „Um dies zu vermeiden, bestimmt § 138 Abs. 1, daß bei Zusammenstößen mehrerer unter" das SUVG. „fallender Fahrzeuge die Rheder und Schiffer sowie die sonstigen Schiffsoffiziere der bei dem Zusammenstoß betheiligten Fahrzeuge, einschließlich der Lootsen, im Verhältniß zu einander bezw.

zur Besatzung der betheiligten Fahrzeuge nicht als Dritte angesehen werden sollen."

[2]) **Absatz 2** entspricht dem GUVG. § 140 und giebt den Absatz 2 des alten § 112 wieder, jedoch in klarerer Fassung.

Im Satz 1 ist die Hervorhebung eines vorsätzlichen oder sonst schuldvollen Verhaltens als irreleitend gestrichen (vgl. Reichsgericht XXIV S. 128) und einfach auf die sonstigen gesetzlichen Vorschriften verwiesen, wozu es in der n. Begr. z. GUVG. § 98 S. 119 heißt: „Durch die Entschädigung nach dem UVG. sind der Verletzte und dessen Hinterbliebene mit allen Ansprüchen an den Unternehmer und die Beamten des betreffenden Betriebs abgefunden, soweit nicht der" § 133 SUVG. „weitere Forderungen zuläßt. Entschädigungsansprüche gegen Dritte d. h. gegen andere Personen als" die im § 133 bezeichneten „bleiben in allen Fällen, soweit sie nach den Vorschriften des bürgerlichen Rechts überhaupt begründet werden können, unverändert bestehen", was ja auch schon aus allgemeinen Grundsätzen zu folgern wäre (vgl. Reichsgericht XXIV S. 127). Einen Eingriff in das bürgerliche Recht enthält jedoch der

Satz 2. Derselbe lautete früher, übereinstimmend mit UVG. § 98 Satz 2 „Jedoch geht die Forderung des Entschädigungsberechtigten an den Dritten auf die Genossenschaft insoweit über, als die Verpflichtung der letzteren zur Entschädigung durch dieses Gesetz begründet ist." Dies hat das Reichsgericht XXIV S. 130—131 dahin ausgelegt, „daß die Berufsgenossenschaft, soweit sie dem Entschädigungsberechtigten Leistungen gewährt hat oder wenigstens ihre Verpflichtung hierzu in ordnungsmäßiger Weise festgestellt ist, von dem Dritten Ersatz verlangen kann, der Entschädigungsberechtigte aber durch diese Vorschrift nicht gehindert wird, sich unmittelbar an den Dritten zu halten." In der n. Begr. z. GUVG. § 98 S. 119 heißt es allerdings, daß der Anspruch auf die Berufsgenossenschaft übergeht, soweit die letztere bereits eine Entschädigung gewährt hat. Dieser Auffassung ist aber die Reichstagskommission entgegengetreten und hat deshalb die jetzige Fassung formulirt (s. Drucksache Nr. 703a S. 4517). — Vgl. Handbuch N. 1 zu SUVG. § 112.

Verbot vertragsmäßiger Beschränkungen.

§. 139.

Der Berufsgenossenschaft sowie den Betriebsunternehmern, Mitrhedern, Schiffsführern und ihren Angestellten ist untersagt, durch Uebereinkunft oder mittelst Arbeitsordnungen die Anwendung der Bestimmungen dieses Gesetzes zum Nachtheile der Versicherten ganz oder theilweise auszuschließen oder die Versicherten in der Uebernahme oder Ausübung eines in Gemäßheit dieses Gesetzes ihnen übertragenen Ehrenamts zu beschränken. Vertragsbestimmungen, welche diesem Verbote zuwiderlaufen, haben keine rechtliche Wirkung. [1])

Betriebsunternehmer, Mitrheder, Schiffsführer oder Angestellte, welche gegen die vorstehende Bestimmung verstoßen, werden, sofern nicht nach anderen gesetzlichen Vorschriften eine härtere Strafe eintritt, mit Geldstrafe bis zu dreihundert Mark oder mit Haft bestraft.

Die gleiche Strafe trifft Betriebsunternehmer, Mitrheder, Schiffsführer oder deren Angestellte, welche Beiträge zur Unfallversicherung den Versicherten ganz oder theilweise auf den Lohn in Anrechnung bringen oder eine solche Anrechnung wissentlich bewirken. [2])

§ 139.

[1]) **Absatz 1** (vgl. GUVG. § 141 Abs. 1 und Invalidenversicherungsgesetz § 180 Abs. 1) giebt inhaltlich den alten § 113 wieder, nennt aber neu die „Angestellten“ und die Beschränkung der Versicherten in der Uebernahme oder Ausübung eines Ehrenamts.

Was „zum Nachtheile der Versicherten“ ist, wird sich nur im einzelnen Falle feststellen lassen. Eine Absicht, sich oder anderen Vortheil oder dem Versicherten Schaden zu bereiten, ist nicht erfordert (vgl. n. Begr. z. GUVG. § 99, S. 119).

[2]) **Absatz 2 u. 3** sind neu. Entsprechende Strafbestimmungen sind im GUVG. § 141 Abs. 2 u. 3 aufgestellt nach dem Vorgange des Invalidenversicherungsgesetzes § 180 Abs. 2.

Unbehinderte Ausübung der Funktionen.

§. 140.

Die Vertreter der Versicherten (§§. 119 bis 121) und die Schiedsgerichtsbeisitzer aus der Klasse der Versicherten (Gesetz, betreffend die Abänderung der Unfallversicherungsgesetze, §§. 4, 5, 7) haben in jedem Falle, in welchem sie zur Wahrnehmung ihrer Obliegenheiten berufen werden, die Arbeitgeber hiervon in Kenntniß zu setzen. Die Nichtleistung der Arbeit während der Zeit, in welcher die bezeichneten Personen durch die Wahrnehmung jener Obliegenheiten an der Arbeit verhindert sind, berechtigt den Arbeitgeber nicht, das Arbeitsverhältniß vor dem Ablaufe der vertragsmäßigen Dauer aufzuheben. [1])

§ 140.

[1]) Der § 140 ist neu. Er entspricht dem GUVG. § 142 und ist nachgebildet dem Invalidenversicherungsgesetz § 97.

Daß für die Zeit solcher Behinderung des Versicherten auch der Lohn fortbezahlt werden müßte, ist nicht bestimmt; es gilt BGB. § 616. —

Im alten Gesetze folgte hier ein § 114 über vor dem Inkrafttreten des Gesetzes von den Unternehmern geschlossene Versicherungsverträge (vgl. GUVG. § 143). Diese Bestimmung ist als jetzt überflüssig gestrichen (s. n. Begr. S. 149 unt.).

Rechtshülfe.

§. 141.

Die öffentlichen Behörden sind verpflichtet, den im Vollzuge dieses Gesetzes an sie ergehenden Ersuchen des Reichs-Versicherungsamts, der Schiedsgerichte, anderer öffentlicher Behörden sowie des Genossenschaftsvorstandes und der Sektionsvorstände zu entsprechen und den Organen der Berufsgenossenschaft auch unaufgefordert alle Mittheilungen zukommen zu lassen, welche für deren Geschäftsbetrieb von Wichtigkeit sind. Die gleiche Verpflichtung liegt den Organen der Genossenschaft gegen einander und gegenüber den Behörden sowie den Organen der Versicherungsanstalten für Invalidenversicherung und der Krankenkassen ob. Die Verpflichtung der Behörden erstreckt sich insbesondere auch auf die Vollstreckung rechtskräftiger Bescheide und Erkenntnisse.

Die durch die Erfüllung dieser Verpflichtungen entstehenden Kosten sind von der Genossenschaft als eigene Verwaltungskosten (§. 34) insoweit zu erstatten, als sie in Tagegeldern und Reisekosten sowie in Gebühren für Zeugen und Sachverständige oder in sonstigen baaren Auslagen bestehen. [1])

§ 141.

[1]) Der § 141 entspricht im Wesentlichen dem alten § 115 und stimmt überein mit GUVG. § 144. Vorbildlich war der § 172 des Invalidenversicherungsgesetzes.

Der Satz 3 des Absatzes 1 ist ein Zusatz der n. RK. (s. Drucksache Nr. 703a S. 4518), um den Weg der Zwangsvollstreckung gegen die Berufsgenossenschaft klarzustellen.

Gebühren- und Stempelfreiheit.

§. 142.

Alle zur Begründung und Abwickelung der Rechtsverhältnisse zwischen den Berufsgenossenschaften einerseits und den Versicherten andererseits erforderlichen schiedsgerichtlichen und außergerichtlichen Verhandlungen und Urkunden einschließlich der Unfalluntersuchungsverhandlungen (§. 69) und der vor inländischen Behörden abgelegten Verklarungen, soweit dieselben an die Stelle der Unfalluntersuchungsverhandlungen treten (§. 71), sind gebühren- und stempelfrei. Dasselbe gilt für die im §. 42 Abs. 3 bezeichneten Legitimationsbescheinigungen und für die behufs Vertretung von Berufsgenossen ausgestellten privatschriftlichen Vollmachten und für die im §. 20 bezeichneten Streitigkeiten.[1])

§ 142.

[1]) Der § 142 (vgl. GUVG. § 145) giebt den alten § 116 wieder. Neu ist nur die Erwähnung der Legitimationsbescheinigungen des § 42 Abs. 3 (s. Drucksache Nr. 703 a, S. 4518).

Es sind also nicht alle Verklarungen gebühren- und stempelfrei! Insbesondere auch nicht die vor ausländischen Behörden oder Notaren abgelegten (a. Begr. S. 81).

Strafbestimmungen.

§. 143.

Die Betriebsunternehmer, Mitrheder, Korrespondentrheder und Bevollmächtigten sowie die Schiffsführer können von dem Genossenschaftsvorstande mit Geldstrafen bis zu fünfhundert Mark belegt werden, wenn in den von ihnen auf Grund statutarischer oder gesetzlicher Bestimmungen eingereichten Nachweisungen oder in der auf Grund solcher Bestimmungen von ihnen erforderten Auskunft oder in den Erklärungen, welche den zuständigen Genossenschaftsorganen behufs Veranlagung der

Betriebe zu den Klassen des Gefahrentarifs abgegeben sind, thatsächliche Angaben enthalten sind, deren Unrichtigkeit ihnen bekannt war oder bei Anwendung angemessener Sorgfalt nicht entgehen konnte.[1])

§ 143.

[1]) Der § 143 (vgl. GUVG. § 146 Nr. 1) giebt den alten § 117 wieder. Jedoch ist statt früher „Ordnungsstrafe" auch hier „Geldstrafe" gesagt. Ferner sind neu genannt die Erklärungen behufs Veranlagung zu den Klassen des Gefahrentarifs (s. § 52 Abs. 3) wegen ihrer grundlegenden Bedeutung für die Heranziehung der Genossen zu den Genossenschaftslasten (vgl. Note 2 zu § 53).

§. 144.

Betriebsunternehmer, Mitrheder, Korrespondentrheder und Bevollmächtigte sowie die Schiffsführer, welche der auf Grund gesetzlicher oder statutarischer Bestimmungen ihnen obliegenden Verpflichtung zur Ernennung von Bevollmächtigten und zur Mittheilung des Namens derselben sowie etwaiger Veränderungen in der Person derselben an den Genossenschaftsvorstand, zur Anmeldung von Betriebsveränderungen, zur Einreichung von Nachweisungen, zur Ertheilung von Auskunft oder zur Erfüllung der für Betriebseinstellungen gegebenen statutarischen Vorschriften nicht rechtzeitig nachkommen, können von dem Genossenschaftsvorstande mit Geldstrafen bis zu dreihundert Mark belegt werden.

Dasselbe gilt bei Zuwiderhandlungen gegen die Verpflichtungen bezüglich

a) der Eintragungen in das Schiffsjournal (§. 65 Abs. 1),
b) der Führung der Unfallnachweisung (§. 65 Abs. 2),
c) der Mittheilung der Eintragungen (§. 65 Abs. 3),
d) der Unfallanzeigen (§. 65 Abs. 4, §. 66 Abs. 1),
e) der Herbeiführung der Unfalluntersuchungen (§. 69 Abs. 1 und 2),
f) der Abgabe eidesstattlicher Erklärungen (§. 69 Abs. 1).[1])

§ 144.

[1]) Der § 144 (vgl. GUVG. § 147) giebt den alten § 118 unverändert wieder, nur ist auch hier „Ordnungsstrafe" ersetzt durch „Geldstrafe".

§. 145.

Die in §§. 143, 144 für Betriebsunternehmer getroffenen Strafbestimmungen finden Anwendung:

a) wenn eine Aktiengesellschaft, eingetragene Genossenschaft, Innung oder andere juristische Person Rheder oder Mitrheder ist, auf alle Mitglieder des Vorstandes,
b) wenn eine andere Handelsgesellschaft oder eine Kommanditgesellschaft auf Aktien Rheder

oder Mitrheder ist, auf alle persönlich haftenden Gesellschafter.

Im Uebrigen finden die Strafvorschriften der §§. 143, 144 auch gegen die gesetzlichen Vertreter handlungsunfähiger Berufsgenossen sowie gegen die Liquidatoren einer Handelsgesellschaft, Innung oder eingetragenen Genossenschaft Anwendung. [1])

§ 145.

[1]) Der § 145 (vgl. GUVG. § 148) giebt den alten § 119 unverändert wieder.

§. 146.

Die Rheder haften für die ihnen oder dem Schiffsführer auf Grund der §§. 143 bis 145 auferlegten Strafen nach Maßgabe der Bestimmungen des §. 111 Abs. 1. [1])

§ 146.

[1]) Der § 146 giebt den Absatz 2 des alten § 120 unverändert wieder. — Der Rheder haftet danach persönlich für die dem Schiffsführer u. A. der §§ 143--145 auferlegten Geldstrafen, vorbehaltlich eines etwaigen nach bürgerlichem Recht begründeten Rückgriffs (vgl. a. Begr. S. 82).

§. 147.

Gegen Straffestsetzungen des Genossenschaftsvorstandes steht den Betheiligten innerhalb zweier Wochen nach der Zustellung die Beschwerde zu. Ueber dieselbe entscheidet, vorbehaltlich der Bestimmungen der §§. 122, 126 Abs. 3, diejenige

Behörde, welche von der für den Sitz des Betriebs zuständigen Landes-Zentralbehörde bestimmt ist.[1])

§ 147.

[1]) Der § 147 entspricht dem GUVG. § 149; er giebt den Absatz 1 des alten § 120 in veränderter Gestalt wieder.

Straffestsetzungen des Genossenschaftsvorstandes können vorkommen nach den §§ 43 Abs. 3, 122, 126, 143, 144. In allen Fällen ist Beschwerde zulässig. Während diese früher stets an das Reichs-Versicherungsamt ging, gilt dies jetzt nur noch in den Fällen der §§ 122, 126 (s. Drucksache Nr. 703a S. 4519), während im Uebrigen die Beschwerdeinstanz landesrechtlich bestimmt wird, worüber s. zu § 148.

Gegen Straffestsetzungen der unteren Verwaltungsbehörde (s. § 123 Abs. 4) ist die Beschwerde im Aufsichtsweg auch ohne besondere Vorschrift zulässig, wie die n. Begr. S. 121 zu GUVG. § 106 bemerkt. Vgl. die entsprechende Bestimmung für Beschwerden gegen das Seemannsamt im § 122 Abs. 2. —

Strafvorschriften gegen die Offenbarung von Betriebsgeheimnissen, wie sie GUVG. §§ 150, 151 (UVG. §§ 107, 108) enthält, sind auch in das neue SUVG. nicht aufgenommen worden, offenbar, „weil bei den unter das SUVG. fallenden Betrieben Betriebsgeheimnisse oder Geschäftsinteressen, deren Schädigung durch die Beauftragten der Genossenschaft zu besorgen wäre, nicht vorkommen werden" (a. Begr. S. 79 zu § 83).

Zuständige Landesbehörden.

§. 148.

Die Zentralbehörden der Bundesstaaten bestimmen, von welchen Staats- oder Gemeindebehörden die in diesem Gesetze den höheren Verwaltungsbehörden, den unteren Verwaltungsbehörden und den Ortspolizeibehörden zugewiesenen Verrichtungen wahrzunehmen sind.

Die in Gemäßheit dieser Vorschrift erlassenen Bestimmungen sind durch den Reichsanzeiger bekannt zu machen.

Die höhere Verwaltungsbehörde kann bestimmte Gemeindebehörden als untere Verwaltungsbehörden im Sinne des §. 75 bezeichnen und mit der Wahrnehmung der dort vorgesehenen Geschäfte betrauen.[1])

§ 148.

[1]) Der § 148 entspricht dem GUVG. § 152 und giebt den alten § 121 wieder unter Hinzufügung des Absatzes 3 (vgl. Drucksache Nr. 703a S. 4519; Antrag Roesicke, Drucksache Nr. 851[5]).

Als solche landesrechtliche Anordnungen sind neu veröffentlicht:

a. **Hamburg**, Verordnung des Senats vom 26. September 1900:

In Ausführung des See-Unfallversicherungsgesetzes vom 30. Juni 1900 (RGB. S. 716) wird unter Aufhebung der Bekanntmachung vom 29. Juli 1887 (GS. 1887 S. 103) Folgendes bestimmt:

§ 1.

Die Wahrnehmung der den höheren und den unteren Verwaltungsbehörden überwiesenen Geschäfte erfolgt für das gesammte Staatsgebiet durch die Deputation für Handel und Schiffahrt, jedoch tritt für die nach § 91 des See-Unfallversicherungsgesetzes der unteren Verwaltungsbehörde zu gebenden Nachrichten die Polizei-Behörde an die Stelle der Deputation für Handel und Schiffahrt.

§ 2.

Die Wahrnehmung der den Ortspolizei-Behörden überwiesenen Geschäfte erfolgt für die Stadt durch die Polizei-Behörde, für die Landherrenschaft Ritzebüttel durch den Amtsverwalter daselbst, für die Landherrenschaft Bergedorf durch den Bürgermeister in Bergedorf und für das übrige Landgebiet durch die zuständige Landherrenschaft.

§ 3.

Ueber Beschwerden gegen Straffestsetzungen des Genossenschaftsvorstandes (§ 147 des See-Unfallversicherungsgesetzes) entscheidet die Deputation für Handel und Schiffahrt.

b. **Bremen,** Verordnung des Senats vom 4. Oktober 1900:

In Ausführung des See-Unfallversicherungsgesetzes vom 30. Juni 1900 verordnet der Senat:

§ 1.

Der Senat übernimmt die der Zentralbehörde zustehenden Geschäfte.

§ 2.

Die Befugnisse der höheren Verwaltungsbehörde werden der Polizeikommission des Senats überwiesen.

§ 3.

Die Geschäfte der unteren Verwaltungsbehörde werden für die Stadt Bremen der Polizeidirektion, für das Landgebiet dem Landherrn und für die Hafenstädte den Stadträten zugewiesen.

§ 4.

Als Ortspolizeibehörden sind für die Stadt Bremen die Polizeidirektion, für das Landgebiet der Landherr, für die Hafenstädte die Aemter zuständig.

Für die auf hoher See in den Lootsen-, Rettungs- und Beleuchtungsbetrieben, namentlich auch in den Betrieben der Feuer- und Wachtschiffe sich ereignenden Unfälle sind die den Ortspolizeibehörden zustehenden Geschäfte dem Amt Bremerhaven zugewiesen.

§ 5.

Die Entscheidung über Beschwerden gegen Straffestsetzungen des Genossenschaftsvorstandes in den Fällen des § 147 des Reichsgesetzes wird der Polizeikommission des Senats übertragen.

§ 6.

Die Verordnungen vom 7. August 1887, betreffend die Ausführung des Gesetzes, betreffend die Unfallversicherung der Seeleute und anderer bei der Seeschiffahrt betheiligten Gewerbe vom 13. Juli 1887, und vom 3. Dezember 1887, betreffend einen Zusatz zu dieser Verordnung, werden aufgehoben.

c. **Lübeck**, Verordnung des Senats vom 15. September 1900:

Auf Grund der §§ 147, 148 des See-Unfallversicherungsgesetzes vom 30. Juni 1900 bringt der Senat die nachstehenden Bestimmungen zur öffentlichen Kenntniß:

§ 1.

Der Senat übernimmt die Wahrnehmungen der Centralbehörde.

§ 2.

Die Obliegenheiten der höheren Verwaltungsbehörde, sowie die Wahrnehmungen der in Beschwerdesachen im Sinne des § 147 des Gesetzes zuständigen Behörde werden dem Senatsausschuß für Gewerbe- und Versicherungswesen übertragen.

§ 3.

Mit den Wahrnehmungen der unteren Verwaltungsbehörde, sowie der Aufsichtsbehörde im Sinne des § 156 des Gesetzes wird das Stadt- und Landamt beauftragt.

§ 4.

Als Ortspolizeibehörde tritt das Polizeiamt ein.

§ 5.

Die Bekanntmachung vom 27. April 1892, betreffend die Ausführung des Unfallversicherungsgesetzes für Seeleute und andere bei der Seeschifffahrt betheiligte Personen, vom 13. Juli 1887, wird aufgehoben.

Die übrigen Seeuferstaaten (Preußen, Mecklenburg-Schwerin, Oldenburg) haben bislang (Ende November 1900) keine neuen Ausführungsbestimmungen erlassen. Es wird daher verwiesen auf die Zusammenstellung in den A. N. 1891 S. 291 ff., wonach obere resp. untere Verwaltungsbehörden sind in **Preußen** die Regierungspräsidenten resp. die Landräthe bezw. Polizeiverwaltungen; in **Mecklenburg-Schwerin** das Ministerium des Innern resp. die Ortsobrigkeiten bezw. die ritterschaftlichen Polizeiämter; in **Oldenburg** das Staatsministerium, Departement des Innern resp. die Aemter bezw. Magistrate.

Strafvollstreckung.

§. 149.

Geldstrafen, welche auf Grund dieses Gesetzes verhängt sind, mit Ausnahme derjenigen, auf welche von den Gerichten erkannt ist, werden in derselben Weise beigetrieben wie Gemeindeabgaben und fließen in die Genossenschaftskasse.[1])

§ 149.

[1]) Der § 149 giebt den alten § 122 inhaltlich unverändert wieder. Vgl. GUVG. §§ 153, 154.

Zustellungen.

§. 150.

Zustellungen, welche den Lauf von Fristen bedingen, können durch die Post mittelst eingeschriebenen Briefes erfolgen. Posteinlieferungsscheine begründen nach Ablauf von zwei Jahren seit ihrer Ausstellung die Vermuthung für die in der ordnungsmäßigen Frist nach der Einlieferung erfolgte Zustellung.

Personen, welche nicht im Inlande wohnen, können von den zustellenden Behörden und Genossenschaftsorganen aufgefordert werden, einen Zustellungsbevollmächtigten zu bestellen.

Ist der Aufenthalt einer Person, welcher zugestellt werden soll, nicht ermittelt oder wird der nach Abs. 2 ergangenen Aufforderung nicht innerhalb der gesetzlichen Frist genügt, so kann die Zustellung durch öffentlichen Aushang während einer Woche in den Geschäftsräumen der zustellenden Behörden oder Genossenschaftsorgane ersetzt werden.[1])

§ 150.

[1]) Der § 150 entspricht dem GUVG. § 155. Er giebt den alten § 123 mit mancherlei Aenderungen wieder, wobei das Invalidenversicherungsgesetz § 170 als Vorbild gedient hat (vgl. Drucksache Nr. 703a S. 4519 bis 4520).

§. 151.

An die Stelle des §. 34 Abs. 2 Ziffer 3 des Invalidenversicherungsgesetzes (Reichs-Gesetzbl. 1899 S. 531) tritt folgende Bestimmung:

3. für die auf Grund des See-Unfallversicherungsgesetzes versicherten Seeleute, mit Ausnahme der in Schlepper- und Leichterbetrieben beschäftigten Personen, der Durchschnittsbetrag des Jahresarbeitsverdienstes, welcher gemäß §. 10 a. a. O. vom Reichskanzler festgesetzt worden ist.[1])

§ 151.

[1]) Dieser Paragraph wurde bei der zweiten Berathung des SUVG. auf Antrag des Abg. v. Bloedau angenommen (Sten. Ber. S. 5531). Es wird damit nur dem Umstand Rechnung getragen, daß an die Stelle der §§ 6, 7 des alten SUVG. jetzt der neue § 10 getreten ist, welcher die Seeleute besser stellt.

IX. Unfallversicherung im Kleinbetriebe der Seeschiffahrt sowie in der See- und Küstenfischerei.

§. 152.[1])

Die vorstehenden Bestimmungen finden mit den aus den folgenden Paragraphen sich ergebenden Abweichungen entsprechende Anwendung:

1. auf die Besatzung solcher Seefahrzeuge, welche nicht mehr als fünfzig Kubikmeter

Brutto-Raumgehalt haben und dabei weder Zubehör eines größeren Fahrzeugs noch auf die Fortbewegung durch Dampf oder andere Maschinenkräfte eingerichtet sind;[2])

2. auf die Besatzung derjenigen Fahrzeuge, welche zur Ausübung der Fischerei in den im §. 3 Abs. 2 bezeichneten Gewässern bestimmt und nicht bereits durch den Bundesrath auf Grund früherer gesetzlicher Bestimmungen der Unfallversicherung nach Maßgabe der §§. 1 ff. unterworfen sind;[3])

3. auf die Besatzung von Fahrzeugen, welche zur Ausübung der Fischerei auf anderen mit der See in Verbindung stehenden, von Seeschiffen befahrenen Gewässern innerhalb der vom Bundesrathe zu bestimmenden örtlichen Grenze bestimmt sind.[4])

§ 152.

[1]) **Vorbemerkung zu den §§ 152—164.** Durch diese neuen Paragraphen ist die Unfallversicherung über den im § 1 SUVG. umschriebenen Kreis von Personen ausgedehnt worden auf Kleinbetriebe, welche im § 152 unter Ziffer 1—3 näher bestimmt sind. Für diese Betriebe „werden gewisse abweichende Bestimmungen vorgesehen, theils im Interesse der Seeberufsgenossenschaft, der nicht Kleinbetriebe in so großer Zahl als Mitglieder zugewiesen werden sollen, theils im Interesse der Betriebsunternehmer, deren Leistungsfähigkeit in finanzieller und geschäftlicher Hinsicht größeren Ansprüchen nicht gewachsen ist" (Begr. S. 150). Deshalb soll für diese Personen

eine besondere Versicherungsanstalt errichtet werden, deren Träger allerdings die Seeberufsgenossenschaft ist (§ 158).

Auf die Abweichungen von den „vorstehenden" Bestimmungen des SUVG. soll im Uebrigen zu den einzelnen Paragraphen kurz verwiesen werden. Hier ist schon allgemein zu betonen, daß die Regierungsvorlage ohne jede Debatte unveränderte Annahme gefunden hat, abgesehen von dem einzigen Punkt, daß im § 157 durch die Reichstagskommission der Mindestbetrag des Sterbegeldes von 30 M. auf 50 M. erhöht ist, entsprechend dem Vorgang bei § 21. Die Begründung zu diesem Abschnitt darf daher besondere Beachtung beanspruchen.

Weiter ist vorauszuschicken, daß nach § 25 des Mantelgesetzes der Zeitpunkt, von welchem ab die Unfallversicherung für die durch §§ 152ff. ihr neu unterstellte Betriebe in Kraft treten wird, mit Zustimmung des Bundesraths durch Kaiserliche Verordnung bestimmt werden wird.

²) **Ziffer 1 des § 152** giebt den alten § 1 Abs. 2 zweiter Theil wieder (s. denselben N. 3 zu § 1), wonach solche Fahrzeuge dem alten SUVG. nicht unterfielen (vgl. Handbuch N. 7 zu § 1 SUVG.).

³) **Ziffer 2 des § 152** umfaßt die durch den alten § 1 Abs. 2 erster Theil vom SUVG. ausgeschlossenen eigentlichen Seefischer, beläßt jedoch diejenigen Großbetriebe der Seefischerei, welche der Seeberufsgenossenschaft schon zugetheilt waren (s. darüber Note 3 zu § 1!), bei dieser.

⁴) **Ziffer 3 des § 152.** Während nach der Regel des § 3 Abs. 2 die Fahrt auf den hier bezeichneten Gewässern nicht als Seefahrt gilt, ist hier dieses Gebiet hineingezogen, „weil die Fischerei in den von Seeschiffen befahrenen Flußmündungen vielfach nicht als Binnenfischerei, sondern nach Art der Seefischerei mit den für diese üblichen gewerblichen Einrichtungen von Seefischern

betrieben wird, deren Gewerbe somit erst durch diesen Zusatz im vollen Umfange der Wohlthaten der Unfallversicherung theilhaftig wird. Die Festsetzung der örtlichen Grenze, bis zu welcher die Seefischerei in den einzelnen Flußgebieten reicht, muß in jedem Falle besonders erfolgen" (n. Begr. S. 150).

§. 153.

Der Versicherungspflicht unterliegen auch die Unternehmer gewerblicher Schiffahrts- und Fischereibetriebe der im §. 152 bezeichneten Art, sofern sie zur Besatzung des Fahrzeugs gehören und bei dem Betriebe regelmäßig keinen oder nicht mehr als zwei Lohnarbeiter beschäftigen.[1])

§ 153.

[1]) Der § 153 ist dem § 5 Absatz 1 nachgebildet, jedoch ist hier die Versicherungspflicht durch das Gesetz für obligatorisch erklärt, während nach § 5 das Statut darüber bestimmt (vgl. n. Begr. S. 151 zu § 125).

§. 154.

Als Jahresarbeitsverdienst gilt das Dreihundertfache des ortsüblichen Tagelohns gewöhnlicher Tagearbeiter desjenigen Ortes, in welchem der Betrieb seinen Sitz hat.[1])

§ 154.

[1]) Der Einfachheit halber ist hier „ein mäßiger Durchschnittssatz" als Jahresarbeitsverdienst gesetzlich festgesetzt (n. Begr. S. 151 zu § 126).

§. 155.

Während der ersten dreizehn Wochen nach Eintritt eines Unfalls hat die Gemeinde, in deren Bezirke der Betrieb seinen Sitz hat, dem Verletzten die im §. 6 Abs. 1 Ziffer 1 des Krankenversicherungsgesetzes bezeichneten Leistungen zu gewähren, sofern derselbe sich nicht im Ausland aufhält oder auf Grund der Krankenversicherung oder anderer Rechtsverhältnisse Anspruch auf eine mindestens gleiche Fürsorge hat. Soweit solchen Personen diese Leistungen von dem zunächst Verpflichteten nicht gewährt werden, hat die Gemeinde dieselben zu übernehmen. Die zu diesem Zwecke gemachten Aufwendungen sind von den Verpflichteten zu ersetzen.[1])

Für außerhalb des Gemeindebezirkes[2]) wohnhafte Personen hat auf Verlangen der verpflichteten Gemeinde die Gemeinde ihres Wohnorts die im Abs. 1 bezeichneten Leistungen vorbehaltlich des Kostenersatzes zu übernehmen.

Als Ersatz der Kosten gilt die Hälfte des nach dem Krankenversicherungsgesetze zu gewährenden Mindestbetrags des Krankengeldes, sofern nicht höhere Aufwendungen nachgewiesen werden.

Die Versicherungsanstalt (§. 158) ist befugt, die im Abs. 1 bezeichneten Leistungen selbst zu übernehmen.

Die Versicherungsanstalt kann ferner gegen Erstattung der Kosten derjenigen Gemeinde, welcher die Fürsorge für die ersten dreizehn Wochen nach dem Unfall obliegt, die Fürsorge für den Verletzten bis zur Beendigung des Heilverfahrens übertragen.[3])

§ 155.

[1]) **Absatz 1.** Vgl. § 27 UVG. für Landwirthschaft und § 10 Bau-UVG.

[2]) d. h. im Inlande außerhalb des Gemeindebezirks wohnhafte Personen, vgl. Abs. 1 u. n. Begr. S. 151 zu § 127.

[3]) **Absatz 4 u. 5.** Vgl. den entsprechenden § 14 Abs. 2 Satz 3.

§. 156.

Streitigkeiten über Unterstützungsansprüche, welche aus der Bestimmung des §. 155 zwischen den Verletzten einerseits und den Gemeinden andererseits entstehen, werden von der Aufsichtsbehörde entschieden. Die Entscheidung ist vorläufig vollstreckbar. Dieselbe kann im Verwaltungsstreitverfahren, wo ein solches nicht besteht, im Wege des Rekurses nach Maßgabe der Vorschriften der §§. 20, 21 der Gewerbeordnung angefochten werden.

Streitigkeiten über Ersatzansprüche, welche aus den Bestimmungen des §. 155 entstehen, werden im Verwaltungsstreitverfahren, wo ein solches nicht besteht, von der Aufsichtsbehörde der in Anspruch genommenen Gemeinde oder Krankenkasse entschieden. Die Entscheidung der Letzteren kann innerhalb eines Monats nach der Zustellung im Wege des Rekurses nach Maßgabe der §§. 20, 21 der Gewerbeordnung angefochten werden.[1])

Der Landes-Zentralbehörde bleibt überlassen, vorzuschreiben, daß anstatt des Rekursverfahrens die Berufung auf den Rechtsweg mittelst Erhebung der Klage stattfindet.

§ 156.

[1]) Vgl. § 30 UVG. f. Landwirthschaft und § 11 Bau-UVG.

§. 157.

Im Falle der Tödtung wird als Sterbegeld, sofern die Bestattung zu Lande erfolgt, das Zwanzigfache des ortsüblichen Tagelohns (§. 154), jedoch mindestens ein Betrag von fünfzig Mark ersetzt.[1])

§ 157.

[1]) Vgl. die entsprechenden Vorschriften des § 21, auch Note 1 Abs. 2 zu § 152.

Bei Bestattung auf See nach Seemannsbrauch wird ein Sterbegeld nicht bezahlt (vgl. Note 2 zu § 21).

§. 158.

Die Versicherung erfolgt durch eine in der Berufsgenossenschaft errichtete Versicherungsanstalt.

Träger der Versicherungsanstalt ist die Berufsgenossenschaft. Der Genossenschaftsvorstand und die Genossenschaftsversammlung führen die Verwaltung der Versicherungsanstalt, soweit nicht besondere statutarische Bestimmungen getroffen werden.

§. 159.

Die Einnahmen und Ausgaben der Versicherungsanstalt sind besonders zu verrechnen und ihre Bestände gesondert zu verwahren.

Das für die Zwecke der Versicherungsanstalt bestimmte Vermögen darf für die übrigen Zwecke der Genossenschaft nicht verwendet werden.

Die für den Geschäftsbetrieb der Versicherungsanstalt etwa erforderlichen Mittel hat die Berufsgenossenschaft, soweit nöthig aus ihrem Reservefonds, vorzuschießen.

Die Versicherungsanstalt darf andere als die in §§. 152, 153 bezeichneten Versicherungen nicht übernehmen.

Die Verwaltungskosten der Versicherungsanstalt trägt die Berufsgenossenschaft.[1])

§ 159.

[1]) Vgl. die Begr. S. 152 zu §§ 130—132.

§. 160.

Die Bestimmungen über die Verpflichtung zur Bestellung eines Bevollmächtigten für jedes Fahrzeug (§. 33), über die Abschätzung der Fahrzeuge

(§. 49), die Führung eines Katasters (§. 59) sowie über die Verpflichtung zur Führung besonderer Nachweisungen über die an Bord sich ereignenden Unfälle (§. 65) finden keine Anwendung.[1])

§ 160.

[1]) Das ist zur Vereinfachung des Verfahrens bestimmt.

§. 161.

Für die Versicherungsanstalt hat die Genossenschaftsversammlung ein Nebenstatut zu errichten. Dasselbe muß Bestimmung treffen:

1. über die Abgrenzung der Befugnisse des Vorstandes und der Genossenschaftsversammlung sowie etwaiger sonstiger für die Verwaltung der Versicherungsanstalt bestellter Organe;
2. über die Aufstellung, Prüfung und Abnahme der Jahresrechnung;
3. über die Voraussetzungen einer Abänderung des Nebenstatuts.

Die Bestimmungen des §. 39 finden entsprechende Anwendung.

§. 162.

Die Mittel zur Deckung der Entschädigungsbeträge werden durch Beiträge aufgebracht, welche vom Reichs-Versicherungsamte mindestens alle fünf Jahre im voraus festzustellen und so zu berechnen sind, daß durch dieselben außer den sonstigen Leistungen der Versicherungsanstalt der Kapitalwerth der von der Versicherungsanstalt voraussichtlich zu gewährenden Renten gedeckt wird.

Die Beiträge sind nach näherer Bestimmung der Landes-Zentralbehörde von den Küstenbezirke umfassenden weiteren Kommunalverbänden der Seeuferstaaten zu entrichten und werden auf dieselben nach der Zahl derjenigen Personen vertheilt, welche in ihren Bezirken in Betrieben der im §. 152 bezeichneten Art als erwerbsthätige Personen beschäftigt sind. Der Bundesrath ist befugt, anzuordnen, daß die Vertheilung unter Berücksichtigung der Dauer der Beschäftigung und der Verschiedenheit der ortsüblichen Tagelöhne zu erfolgen hat.[1])

§ 162.

[1]) Besonders beachtenswerth ist, daß hier die Lasten den weiteren Kommunalverbänden der Küstengebiete auferlegt sind, worüber s. die Begr. S. 152–153.

§. 163.

Innerhalb der weiteren Kommunalverbände werden die Beiträge zur Hälfte wie die sonstigen Lasten des Kommunalverbandes, zur anderen Hälfte nach näherer Bestimmung des weiteren Kommunalverbandes von den Unternehmern der nach §. 152 versicherten Betriebe durch Vermittelung der betheiligten Kommunalverbände oder Gemeinden aufgebracht. Die Letzteren können mit Genehmigung ihrer Aufsichtsbehörde diese Lasten ganz oder theilweise aus eigenen Mitteln bestreiten und haften für uneinziehbare Beiträge. Sie können bestimmen, daß die bezeichneten Unternehmer einen Wechsel in der Person desjenigen, für dessen Rechnung der Betrieb erfolgt, zur Vermeidung der im §. 62 angedrohten Rechtsnachtheile dem Vorstande des Kommunalverbandes anzuzeigen haben.

Gegen die Heranziehung zu Beiträgen steht dem Unternehmer innerhalb zweier Wochen nach der Zustellung die Beschwerde an das Reichs-Versicherungsamt zu. Dieselbe kann nur auf die Behauptung gestützt werden, daß eine Verpflichtung zur Entrichtung von Beiträgen nicht vorliegt. Sonstige aus der Heranziehung zu Beiträgen abgeleitete Beschwerden sind innerhalb zweier Wochen nach der Zustellung an die Aufsichtsbehörde zu richten, welche endgültig entscheidet.

Die Landes-Zentralbehörden bestimmen, welche Verbände als Kommunalverbände im Sinne der vorstehenden Bestimmungen anzusehen sind.

§. 164.

Die Anzeige des Unfalls (§. 66) ist schriftlich oder mündlich an diejenige Ortspolizeibehörde im Inlande zu richten, in deren Bezirke sich der Unfall ereignet hat oder der erste Aufenthalt nach demselben genommen wird. Die Untersuchung des Unfalls (§. 68) erfolgt durch diejenige Ortspolizeibehörde, an welche die Unfallanzeige erstattet ist. Auf Antrag Betheiligter kann die höhere Verwaltungsbehörde die Untersuchung einer anderen Polizeibehörde übertragen.

Sachregister.

(Die großen Zahlen bezeichnen die Paragraphen des SUVG., die kleinen die Noten dazu.)

B.

S.

W.

Druck von Georg Reimer in Berlin.

Verzeichniß

der

Guttentag'schen Sammlung

Deutscher Reichsgesetze

und

Preußischer Gesetze.

Text-Ausgaben mit Anmerkungen und Sachregister.

Taschenformat.

Berlin.
J. Guttentag, Verlagsbuchhandlung,
G. m. b. H.

Guttentag'sche Sammlung

Deutscher Reichsgesetze.

Text-Ausgaben mit Anmerkungen. Taschenformat.

---

1. **Verfassung** des Deutschen Reichs. Gegeben Berlin, den 16. April 1871. Von Dr. **L. von Rönne.** Achte neubearbeitete Auflage von **Paul von Rönne,** Landrath. 1 M. 60 Pf.

2. **Strafgesetzbuch** für das Deutsche Reich. Nebst den gebräuchlichsten Reichs-Strafgesetzen: Presse, Personenstand, Nahrungsmittel, Entziehung elektrischer Arbeit, Kranken-, Unfall-, Invalidenversicherung, Gewerbeordnung, unlauterer Wettbewerb, Depot- und Börsengesetz u. s. w. Von Dr. **H. Rüdorff.** Zwanzigste Auflage von Dr. **H. Appelius,** Kammergerichtsrath. Gebunden in ganz Leinen 1 M. 20 Pf.

3. **Militärstrafgerichtsordnung** nebst Einführungsgesetz und Gesetz, betr. die Dienstvergehen der richterlichen Militärjustizbeamten und die unfreiwillige Versetzung derselben in eine andere Stelle oder in den Ruhestand. Von Dr. **P. Herz,** Geh. Admiralitätsrath. Zweite Auflage. Geb. in ganz Leinen 3 M.

4. **Handelsgesetzbuch vom 10. Mai 1897** unter Ausschluß des Seerechts. Mit den ergänzenden Vorschriften des Bürgerlichen Gesetzbuchs und Erläuterungen herausgegeben von **F. Litthauer,** Justizrath. Zwölfte Auflage. Geb. in ganz Leinen 2 M. 80 Pf.

5. Allgemeine Deutsche **Wechselordnung.** Siebente Auflage von Dr. **E. Ball,** Rechtsanwalt, und das Reichsgesetz über die **Wechselstempelsteuer.** Sechste Auflage von Reg.-Assessor **P. Loeck.** 1897. 2 M.
Neue Auflage in Vorbereitung.

6. **Gewerbeordnung** für das Deutsche Reich in der Fassung der Bekanntmachung vom 26. Juli 1900 nebst Ausführungsbestimmungen. Von **T. Ph. Berger,** fortgeführt von Dr. **Wilhelmi,** Geh. Ober-Regierungsrath. Sechszehnte vermehrte Auflage. Im Druck.

7. Die deutsche **Post- und Telegraphen-Gesetzgebung.** Nebst dem Weltpostvertrag und dem internationalen Telegraphenvertrag. Von Dr. **P. D. Fischer,** Unterstaatssekretär im Reichs-Postamt. Vierte Auflage. 1895. 2 M. 60 Pf.

8. Die Reichsgesetze über den **Unterstützungswohnsitz** in der Fassung der Novelle vom 12. März 1894 die **Freizügigkeit,** den **Erwerb** und **Verlust** der

Bundes- und Staatsangehörigkeit, nebst allen landesgesetzlichen Bestimmungen. Von Geheimrath Dr. **J. Krech,** Mitglied des Bundesamtes für das Heimathwesen. Vierte Auflage. 2 M. 25 Pf.

9a. Sammlung **kleinerer privatrechtlicher Reichsgesetze.** Von **F. Vierhaus,** Geh. Ober-Justizrath. Zweite Auflage in Vorbereitung.

9b. Sammlung **kleinerer strafrechtlicher Reichsgesetze.** Von **M. Werner,** Geh. Ober-Regierungsrath. Zweite Auflage im Druck.

10. **Das Reichsbeamtengesetz** vom 31. März 1873 und seine Ergänzungen. Erläutert von **J. Pieper,** Geh. Ober-Regierungsrath. 3 M. 30 Pf.

11. **Civilprozeßordnung mit Einführungsgesetzen,** Nebengesetzen und Ergänzungen. In der Fassung des Gesetzes vom 17. Mai 1898. Unter besonderer Berücksichtigung der Entscheidungen des Reichsgerichts herausgegeben mit Anmerkungen von **R. Sydow,** Direktor im Reichs-Postamt und **L. Busch,** Kammergerichtsrath. Achte Auflage. 8°. Geb. in ganz Leinen 4 M.

Dieser Band ist in größerem Format erschienen!

12. **Strafprozeßordnung und Gerichtsverfassungsgesetz** in der vom 1. Januar 1900 ab geltenden Fassung, nebst dem **Gesetz, betreffend die Entschädigung der im Wiederaufnahmeverfahren freigesprochenen Personen.** Von **A. Hellweg,** Reichsgerichtsrath. Elfte Auflage. Geb. in ganz Leinen 2 M.

13. **Konkursordnung und Anfechtungsgesetz** mit Einführungs- und Nebengesetzen. In der Fassung der Gesetze vom 17. Mai 1898. Unter besonderer Berücksichtigung der Entscheidungen des Reichsgerichts herausgegeben mit Anmerkungen von **R. Sydow,** Direktor im Reichs-Postamt und **L. Busch,** Kammergerichtsrath. Achte Auflage. Geb. in ganz Leinen 1 M. 80 Pf.

14. **Gerichtsverfassungsgesetz** mit Einführungsgesetz, Nebengesetzen und Ergänzungen. In der Fassung des Gesetzes vom 17. Mai 1898. Unter Berücksichtigung der Entscheidungen des Reichsgerichts herausgegeben von **R. Sydow,** Direktor im Reichs-Postamt und **L. Busch,** Kammergerichtsrath. Achte Auflage. 1 M. 20 Pf.

15. **Das deutsche Gerichtskostengesetz nebst den Gebührenordnungen für Gerichtsvollzieher, Zeugen und Sachverständige.** In der Fassung vom 20. Mai 1898. Unter besonderer Berücksichtigung der Entscheidungen

des Reichsgerichtes herausgegeben mit Anmerkungen und Kostentabellen von **R. Sydow,** Direktor im Reichspostamt und **L. Busch,** Kammergerichtsrath. Sechste vermehrte Auflage. Geb. in ganz Leinen 1 M. 50 Pf.

16. **Rechtsanwaltsordnung.** Von **R. Sydow,** Direktor im Reichspostamt. Vierte Auflage von Dr. **E. Mosler,** Gerichtsassessor. Geb. in ganz Leinen 1 M. 20 Pf.

17. Die **Deutsche Gebührenordnung für Rechtsanwälte und das Preußische Gebührengesetz** vom 27. September/6. Oktober 1899. Von **R. Sydow,** Direktor im Reichspostamt und **L. Busch,** Kammergerichtsrath. Sechste Auflage. Geb. in ganz Leinen 1 M. 50 Pf.

18. **Reichsstempelgesetz (Börsensteuergesetz)** v. 14. Juni 1900, mit den Ausführungsbestimmungen, einem Auszug aus den Gesetzes-Materialien und den Entscheidungen der Verwaltungsbehörden und des Reichsgerichts. Achte Auflage von **P. Loeck,** Regierungsrath. Geb. in ganz Leinen 3 M. 30 Pf.

19. Die **Seegesetzgebung** des Deutschen Reiches. Nebst den Entscheidungen des Reichsoberhandelsgerichts, des Reichsgerichts und der Seeämter. Von Dr. **W. E. Knitschky,** Landgerichtsrath. Zweite Auflage. 3 M. 80 Pf.

20. **Krankenversicherungsgesetz** vom 15. Juni 1883 in der Fassung der Novelle vom 10. April 1892. Von Dr. **E. von Woedtke,** Direktor im Reichsamt des Innern. Siebente Auflage. 2 M.

21. Die **Konsulargesetzgebung** des Deutschen Reiches. Von Professor Dr. **Ph. Zorn.** Zweite Auflage im Druck.

22a. **Patentgesetz. Gesetz, betreffend den Schutz von Gebrauchsmustern. Gesetz, betreffend das Urheberrecht an Mustern und Modellen.** Nebst Ausführungsbestimmungen unter eingehender Berücksichtigung der Rechtsprechung des Reichsgerichts und der Praxis des Patentamts. Erläutert von Dr. **R. Stephan,** Regierungsrath, Mitglied des Kaiserlichen Patentamts. Fünfte vermehrte Auflage. Geb. in ganz Leinen 2 M.

22b. **Gesetz zum Schutz der Waarenbezeichnungen.** Nebst Ausführungsbestimmungen. Von Dr. **R. Stephan,** Regierungsrath, Mitglied des Kaiserlichen Patentamts. Vierte vermehrte Auflage. 1 M.

23. **Gewerbe-Unfallversicherungsgesetz** und Gesetz, betr. die Abänderung der Unfallversicherungsgesetze vom 30. Juni 1900 in der Fassung der Bekanntmachung vom 5. Juli 1900 nebst Ausführungsverordnungen. Von Dr. **E. v. Woedtke,** Direktor im Reichsamt des Innern. Sechste umgearbeitete Auflage. Geb. in ganz Leinen 2 M. 50 Pf.

24. **Aktiengesellschaft und Kommanditgesellschaften auf Aktien.** (Handelsgesetzbuch, II. Buch, Abschnitt 3 und 4.) Mit erläuternden Anmerkungen von **H. Keyssner,** Kammergerichtsrath und Dr. **H. Veit Simon,** Rechtsanwalt. Fünfte Auflage. Bearbeitet von Dr. **Hugo Keyssner** u. **L. Keyssner.** Geb. in ganz Leinen 2 M. 25 Pf.

25. Reichsgesetz wegen **Erhebung der Brausteuer** vom 31. Mai 1872 mit Ausführungsvorschriften. Von **E. Bertho,** Regierungsrath. 1885. 1 M. 60 Pf.

26. Die Reichsgesetzgebung über **Münz- und Notenbankwesen,** Papiergeld, Prämienpapiere und Reichsschulden. Von Dr. jur. **R. Koch,** Präsident des Reichsbankdirektoriums. Vierte Auflage. Geb. in ganz Leinen 3 M.

27. Die Gesetzgebung, betr. das **Gesundheitswesen** im Deutschen Reich für Behörden, Aerzte ꝛc. Von Dr. jur. **C. Goesch** und Dr. med. **J. Karsten.** 1888. 1 M. 60 Pf.

28. **Bau-Unfallversicherungsgesetz.** Vom 30. Juni 1900 in der Fassung der Bekanntmachung vom 5. Juli 1900. Von **R. Chrzescinski,** Kaiserl. Regierungsrath a. D., ehemaligem ständigen Mitglied des Reichs-Versicherungsamts. Dritte Auflage. Geb. in ganz Leinen 2 M.

29. Reichsgesetz, betr. die **Erwerbs- und Wirthschaftsgenossenschaften.** In der vom 1. Januar 1900 ab geltenden Fassung. Von **L. Parisius** und Dr. **H. Crüger.** Achte Auflage. Geb. in ganz Leinen. 1 M. 50 Pf.

30. **Invalidenversicherungsgesetz** vom 13. Juli 1899, in der Fassung der Bekanntmachung vom 19. Juli 1899. Von Dr. **E. v. Woedtke,** Director im Reichsamt des Innern. Siebente erweiterte Auflage. Geb. in ganz Leinen 2 M. 50 Pf.

31. Reichsgesetz, betr. die **Gewerbegerichte.** Von **L. Mugdan.** Vierte Auflage. Bearbeitet von **Cuno,** Stadtrath und stellvertretender Vorsitzender des Gewerbegerichts zu Königsberg i. Pr. 1 M. 80 Pf.

32. Reichsgesetz, betr. die **Gesellschaften mit beschränkter Haftung.** In der vom 1. Januar 1900 ab geltenden Fassung. Von **L. Parisius** und Dr. **H. Crüger.** Vierte vermehrte und verbesserte Auflage. 1 M.

33. Das **Vereins- und Versammlungsrecht** in Deutschland. Von Dr. **E. Ball,** Rechtsanwalt. 2 M. 25 Pf.

34. Reichsgesetz, betreffend die **Abzahlungsgeschäfte.** Vom 16. Mai 1894. Von **J. Hoffmann,** Geheimer Regierungsrath. 95 Pf.

35. **Die Reichs-Eisenbahngesetzgebung.** Von **W. Coermann,** Kaiserl. Amtsrichter. 1895. 2 M. 25 Pf.

36. **Gesetze,** betr. die **privatrechtlichen Verhältnisse der Binnenschiffahrt und der Flößerei.** Nach den Materialien erläutert von **H. Makower.** Unter Berücksichtigung der am 1. Januar 1900 in Kraft tretenden Reichsgesetze bearbeitet von **E. Löwe,** Landgerichtsrath. Zweite veränderte Auflage. 2 M.

37. **Gesetz zur Bekämpfung des unlauteren Wettbewerbes.** Vom 27. Mai 1896. Von Dr. **R. Stephan,** Regierungsrath. Zweite Auflage. 80 Pf.

38/39. **Bürgerliches Gesetzbuch nebst Einführungsgesetz.** In Verbindung mit Professor Dr. **André,** Geh. Justizrath **Greiff,** Amtsrichter **Ritgen,** 1. Staatsanwalt Dr. **Unzner,** s. Z. Schriftführer bei der Kommission für die zweite Lesung des Entwurfs eines Bürgerlichen Gesetzbuchs, herausgegeben von Reichsgerichtsrath Dr. **A. Achilles,** s. Z. Kommissar des Reichs-Justizamts bei derselben Kommission. Dritte vermehrte und verbesserte Auflage. 8°. Geb. in ganz Leinen 6 M.

Dieser Band ist in größerem Format erschienen!

40. **Gesetz,** betr. die **Pflichten der Kaufleute bei Aufbewahrung fremder Werthpapiere (Depotgesetz).**

Vom 5. Juli 1896. Mit Erläuterungen, Einleitung und Sachregister. Von **F. Lusensky**, Geh. Regierungsrath. 90 Pf.

41. **Börsengesetz.** Vom 22. Juni 1896. Nebst den dazu erlassenen Ausführungsbestimmungen. Unter Mitwirkung des Geh. Ober-Regierungsrathes **A. Wermuth** bearbeitet von **H. Brendel,** Gerichts-Assessor, Hülfsarbeiter im Reichsamt des Innern. 1 M. 50 Pf.

42. **Grundbuchordnung** für das Deutsche Reich nebst den preußischen Ausführungsbestimmungen. Mit Einleitung von Professor Dr. **O. Fischer.** Zweite Auflage. Geb. in ganz Leinen 1 M. 80 Pf.

43. Die Gesetzgebung, betr. die **Zwangsvollstreckung in das unbewegliche Vermögen** im Reiche und in Preußen. Text-Ausgabe mit Einleitung, Anmerkungen, Kosten- und Gebührentabellen und Sachregister. Von Dr. **J. Krech,** Kaiserl. Geh. Regierungsrath und Professor Dr. **O. Fischer.** Dritte Auflage. Geb. in ganz Leinen 2 M.

44. Das Reichsgesetz über das **Auswanderungswesen** vom 9. Juni 1897 nebst Ausführungsverordnungen und Anlagen. Nach den Materialien und unter Benutzung amtlicher Quellen erläutert von Professor Dr. **Felix Stoerk.** 2 M. 25 Pf.

45. **Das Entmündigungsrecht** unter Berücksichtigung der für Preußen geltenden Vorschriften nebst der preußischen Justiz-Ministerial-Verfügung vom 28. November 1899. Text der civil- und prozeßrechtlichen Bestimmungen mit Erläuterungen von Landgerichtsrath Dr. **P. Koll** in Cöln. Geb. in ganz Leinen 1 M. 50 Pf.

46. Die Gesetze des Reiches und Preußens über die **freiwillige Gerichtsbarkeit.** Mit Einleitung von **Herm. Jastrow,** Amtsgerichtsrath. Zweite, erweiterte Auflage. Geb. in ganz Leinen 2 M. 80 Pf.

47. Das **deutsche Vormundschaftsrecht** und das preuß. Gesetz, betr. die Unterbringung verwahrloster Kinder, vom 13. März 1878 nebst den dazu gehörigen preußischen Nebengesetzen und allgemeinen Verfügungen. Mit Einleitung und Erläuterungen von **Max Schultzenstein,** Oberverwaltungsgerichtsrath und Amtsgerichtsrath Dr. **Paul Köhne.** 2 M. 80 Pf.

48. Gesetze und Verordnungen, betreffend den **Drogen-, Gift- und Farbenhandel** außerhalb der Apotheken, unter besonderer Berücksichtigung des Königreichs Preußen. Von Dr. **Broh,** Rechtsanwalt. 1 M. 25 Pf.

49. Die **Kolonialgesetzgebung.** Von Prof. Dr. **Philipp Zorn.** Geb. in ganz Leinen ca. 6 M.

50. Der **Viehkauf** (Viehgewährschaft) nach dem Bürgerlichen Gesetzbuche. Mit Erläuterungen und Sachregister von Dr. **Hans Stölzle,** Rechtsanwalt in Kempten. Nebst einem Anhang: Verordnung, betreffend die Hauptmängel und Gewährsfristen beim Viehhandel. Vom 27. März 1899. Erläutert von **Heinrich Weiskopf,** Königl. Kreisthierarzt in Augsburg. Zweite Auflage. Geb. in ganz Leinen 2 M.

51. **Hypothekenbankgesetz** vom 13. Juli 1899. Von Dr. **H. Göppert,** Gerichts-Assessor. Geb. in ganz Leinen 1 M. 80 Pf.

52. Gesetz, betreffend die gemeinsamen **Rechte der Besitzer von Schuldverschreibungen.** Vom 4. Dezember 1899. Von Dr. **Heinrich Göppert,** Gerichts-Assessor. Geb. in ganz Leinen 2 M.

53. **Reichspreßgesetz** vom 7. Mai 1874 nebst den einschlägigen Bestimmungen des Strafgesetzbuchs, der Gewerbeordnung ꝛc. Kommentar von **A. Born,** Polizeiassessor. Geb. in ganz Leinen 1 M. 50 Pf.

54. Die Reichsgesetzgebung über den Verkehr mit **Nahrungsmitteln, Genußmitteln** und **Gebrauchsgegenständen.** Von Dr. **Lebbin,** Nahrungsmittelchemiker. Geb. in ganz Leinen 2 M. 25 Pf.

55. Das Recht der **Beschlagnahme von Lohn- und Gehaltsforderungen.** Auf Grundlage der Reichsgesetze vom 21. Juni 1869 u. 29. März 1897 und der Civil-

prozeßordnung. Von Rechtsanwalt **Georg Meyer.** Geb. in ganz Leinen 1 M. 50 Pf.

56. Gesetz, betr. die **Bekämpfung gemeingefährlicher Krankheiten.** Vom 30. Juni 1900. Nebst Ausführungsbestimmungen. Von Geh. Regierungsrath Dr. **Burkhardt.** Geb. in ganz Leinen 1 M. 40 Pf.

57. **See-Unfallversicherungsgesetz** vom 30. Juni 1900 in der Bekanntmachung des Reichskanzlers vom 5. Juli 1900. Vom Oberlandesgerichtsrath **Dr. Mittelstein** in Hamburg. Geb. in ganz Leinen. 2 M.

58. **Das Recht der unehelichen Kinder.** Text-Ausgabe aller einschlägigen Bestimmungen des Bürgerlichen Gesetzbuches von **Hermann Jastrow,** Amtsgerichtsrath zu Berlin. Geb. in ganz Leinen 1 M. 80 Pf.

Guttentag'sche Sammlung
Preußischer Gesetze.

Text-Ausgaben mit Anmerkungen. Taschenformat.

1. Die **Verfassungs-Urkunde** für den Preußischen Staat. Mit Einleitung, vollständigem Kommentar und Anlagen von Prof. Dr. **Adolf Arndt.** Vierte, gänzlich umgearbeitete und verbesserte Auflage. Geb. in ganz Leinen 2 M. 50 Pf.

2. Preußische **Beamten-Gesetzgebung.** Enthaltend die wichtigsten Beamtengesetze in Preußen. Von **C. Pfafferoth.** Dritte Auflage. 1 M. 50 Pf.

3. Die Preuß. Gesetzgebung, betr. die **Zwangsvollstreckung in das unbewegliche Vermögen.** Von Dr. **J. Krech,** Kais. Geh. Regierungs-Rath und Prof. Dr. **O. Fischer.** Dritte Auflage. Vergriffen.

Siehe: Reichsgesetze Nr. 43.

4. **Gebührenordnung** für **Notare** vom 25. Juni 1895 in der Fassung der Bekanntmachung vom 6. Oktober 1899 nebst den einschlägigen Vorschriften des Preußischen Gerichtskostengesetzes. Von **R. Sydow,** Direktor im Reichspostamt. Zweite Auflage bearbeitet von Dr. **E. Mosler,** Gerichtsassessor. Geb. in ganz Leinen. 1 M. 50 Pf.

5. Gesetz vom **24. April 1854 (betr. die außereheliche Schwängerung)** und die daneben geltenden Bestimmungen des Allgemeinen Landrechts nebst nebst dazu ergangenen Präjudikaten. Von Dr. **Schulze.** 75 Pf. Siehe Reichsgesetze: Nr. 58.

6. Die Preußischen **Ausführungsgesetze und Verordnungen zu den Reichs-Justizgesetzen.** Von **R. Sydow.** Dritte vermehrte Auflage. 2 M. 40 Pf.

7. **Allg. Gerichtsordnung** vom 6. Juli 1793 und Preuß. **Konkursordnung** vom 8. Mai 1885. **Von F. Vierhaus,** Geh. Ober-Justizrath. **Vergriffen.**

8. **Vormundschaftsordnung** vom 5. Juli 1875, nebst allen Nebengesetzen und den dazu erlassenen Allgemeinen Verfügungen. Von Oberverwaltungsgerichtsrath **Schultzenstein.** Dritte Auflage. 1 M. 50 Pf. Siehe: Reichsgesetze Nr. 47.

9. Die Preußische **Grundbuchgesetzgebung.** Mit Einleitung, Formularen, Kosten- und Stempeltabellen. Von Prof. Dr. **Fischer.** Dritte Auflage. Vergriffen. Siehe: Reichsgesetze Nr. 42.

10. **Einkommensteuergesetz.** Vom 24. Juni 1891. Von Geheimrath **Meitzen.** Vierte vermehrte Auflage von **A. Fernow,** Ober-Regierungsrath. 1 M. 50 Pf.

11. **Gewerbesteuergesetz.** Vom 24. Juni 1891. Von **A. Fernow,** Ober-Regierungsrath. Dritte vermehrte Auflage. 1 M. 25 Pf.

12. **Allgemeines Berggesetz** für die preußischen Staaten. Vom 24. Juni 1865, und die auf dasselbe bezüglichen Gesetze und Verordnungen. Von **E. Engels,** Ober-Bergrath. Zweite Auflage. 1 M. 60 Pf.

13. **Ergänzungssteuergesetz** (Vermögenssteuergesetz). Vom 14. Juli 1893. Von **A. Fernow,** Ober-Regierungsrath. Zweite vermehrte Auflage. 1 M.

14. **Kommunalabgabengesetz.** Vom 14. Juli 1893 und Gesetz wegen Aufhebung direkter Staatssteuern. Vom 14. Juli 1893. Von **F. Adickes,** Oberbürgermeister. Zweite Auflage. 1 M. 25 Pf.

15. Die **Kreisordnungen** für den Preußischen Staat. Von **O. Kolisch**, Landgerichtsrath. 1894. 4 M.

16. Preuß. Ausführungs-Anweisung zu §§. 16 u. ff. der Reichs-Gewerbe-Ordnung, betr. **Genehmigung gewerblicher Anlagen.** Von Dr. **von Rüdiger,** Regierungs- und Gewerberath. 1895. 1 M. 50 Pf.

17. Preußisches **Gerichtskostengesetz.** Vom 25. Juni 1895. In der Fassung der Bekanntmachung vom 6. Oktober 1899. Mit Kostentabellen. Von Dr. **P. Siméon,** Landrichter. Dritte Auflage. Geb. in ganz Leinen 1 M. 80 Pf.

18. Preußisches **Stempelsteuergesetz.** Vom 31. Juli 1895. Nebst den Entscheidungen des Reichsgerichts und Erlassen der Verwaltungsbehörden und ausführlichen Tabellen. Von **B. Gaupp,** Geh Regierungsrath und Regierungsassessor **P. Loeck.** Vierte Auflage. 3 M. 30 Pf.

19. **Das Jagdscheingesetz** vom 31. Juli 1895. Mit ausführlichen Erläuterungen nebst der Ausführungsverfügung vom 2. August 1898 und den Gesetzgebungsmaterialien. Von **F. Kunze,** Wirklichem Geh. Ober-Regierungsrath. Zweite Auflage. Geb. in ganz Leinen 2 M.

20. Gesetz, betr. die **Erbschaftssteuer.** Vom 19./24. Mai 1891 unter Berücksichtigung der Novelle vom 31. Juli 1895. Mit ausführlichen Erläuterungen von **P. Loeck,** Regierungsassessor. 1 M. 80 Pf.

21. Gesetz über die **Handelskammern.** Vom 19. August 1897. Mit Erläuterungen, geschichtlicher Einleitung sowie einer Uebersicht des Bestandes der kaufmännischen Vertretungen. Von **F. Lusensky,** Geh. Regierungsrath und vortragender Rath im Ministerium für Handel und Gewerbe 3 M.

22. Gesetz, betr. **Anstellung und Versorgung der Kommunalbeamten.** Vom 30. Juli 1899. Mit einem Anhang, enthaltend die preußische Ausführungsanweisung Von Dr. **W. Ledermann,** Magistratsassessor zu Berlin. 1 M. 25 Pf.

23. **Ausführungsgesetz zum Bürgerlichen Gesetzbuche** vom 20. September 1899. Von Landrichter Dr. **P. Siméon.** Geb. in ganz Leinen 1 M. 60 Pf.

24. Die **Hinterlegungsordnung** vom 14. März 1879 in der Fassung des Preußischen Ausführungsgesetzes zum Bürgerlichen Gesetzbuche vom 20. September 1899 nebst Ausführungsbestimmungen. Unter Benutzung der amtlichen Erlasse und Entscheidungen des Finanzministers. Von Regierungsassessor Dr. **Georg Bartels.** Geb. in ganz Leinen 1 M. 50 Pf.

25. **Preußisches Kommunalbeamtenrecht**, enthaltend die wichtigsten Bestimmungen über die Rechtsverhältnisse der Beamten der preußischen Landgemeinden, Landbürgermeistereien, Aemter, Amtsbezirke, Städte, Kreise, Bezirksverbände, Provinzen sowie der Gemeindeforstbeamten mit Ausschluß der Kommunalbeamten der Hohenzollernschen Lande. Text-Ausgabe mit kurzen Anmerkungen, einem chronologischen Verzeichniß der abgedruckten Gesetze, Verordnungen und sonstigen Bestimmungen. Von Magistratsassessor Dr. jur. **Krempski.** Im Druck.

26. Die **Preußischen Gesetze** über das **Diensteinkommen der Lehrer und Lehrerinnen, ihren Ruhegehalt und die Fürsorge für ihre Hinterbliebenen** nebst den zugehörigen Ausführungsbestimmungen, sonstigen Ministerialerlassen und den wichtigsten einschlägigen Gesetzen sowie einer Tabelle zur Berechnung der Ruhegehalts-, Wittwen- und Waisenbezüge. Text-Ausgabe mit Einleitung, Anmerkungen und Sachregister von Dr. **Ed. Cremer,** Beigeordneter. Geb. in ganz Leinen 2 M. 40 Pf.

27. Gesetz, betreffend die **Waarenhaussteuer.** Vom 18. Juli 1900. Von Geh. Ober-Finanzrath Dr. **G. Strutz.** Geb. in ganz Leinen 1 M. 20 Pf.

28. Gesetz über die **Fürsorgeerziehung Minderjähriger.** Vom 2. Juli 1900. Nebst Ausführungsanweisung. Von Landgerichtsrath Dr. **Aschrott.** Geb. in ganz Leinen. Im Druck.

Guttentag'sche Sammlung von Text-Ausgaben mit Sachregister ohne Anmerkungen.

Handelsgesetzbuch nebst **Einführungsgesetz.** Vom 10. Mai 1897. 1 M. 80 Pf.

Gesetz, betr. die **Abänderung der Gewerbeordnung** (Neues Handwerkergesetz). Vom 26. Juli 1897. 90 Pf.

Gewerbeordnung für das Deutsche Reich. In der Fassung der Bekanntmachung vom 26. Juli 1900. (Reichs-Gesetzblatt Nr. 47, ausgegeben am 15. Oktober 1900.) 1 M. 20 Pf.

Militärstrafgerichtsordnung für das Deutsche Reich, nebst **Einführungsgesetz** und Gesetz, betr. die Dienstvergehen der richterlichen Militärjustizbeamten und die unfreiwillige Versetzung derselben in eine andere Stelle oder in den Ruhestand. Vom 1. Dezember 1898. 1 M. 50 Pf.

Die Preußischen Ausführungsgesetze zum Bürgerlichen Gesetzbuche, zum Gesetz, betr. Aenderung der Civilprozeßordnung vom 17. Mai 1898, zum Gesetz über die Zwangsversteigerung und die Zwangsverwaltung, zur Grundbuchordnung und zum Handelsgesetzbuch. Preuß. Gesetz über die freiwillige Gerichtsbarkeit und Gesetz, enthaltend die landesgesetzlichen Vorschriften über die Gebühren der Rechtsanwälte und der Gerichtsvollzieher. Fünfte Auflage. 1 M. 80 Pf.

Reichsstempelgesetz (Börsensteuergesetz) in der Fassung der Bekanntmachung vom 14. Juni 1900. Mit Ausführungsbestimmungen, einem Anhang, enthaltend Tabellen zur Berechnung der Reichsstempelabgaben und Sachregister. 1 M. 50 Pf.

Preußische

Bürgerliche Gesetzsammlung.

Sammlung der noch geltenden Landesgesetze privatrechtlichen Inhalts.

Herausgegeben von

D. Fischer, Gerichtsassessor und **Dr. F. Schröder,** Gerichtsassessor.

Erster Band:

Das Allgemeine Landrecht

mit den Einführungs-Patenten.

8°. Geb. in ganz Leinen. Preis 6 M.

Das Buch will ein Handbuch für den preußischen Praktiker sein, und eine Ergänzung zu den gebräuchlichen Handausgaben des B.G.B. bilden. Es bringt das Allgemeine Landrecht in seiner jetzt geltenden Gestalt vollständig, ferner in chronologischer Reihenfolge sämmtliche noch geltenden Landesgesetze privatrechtlichen Inhalts für das Gebiet des Allgemeinen Landrechts und für die übrigen Landestheile seit ihrer Zugehörigkeit zu Preußen. Um den Ueberblick über eine Materie zu erleichtern, wird dem Buch eine Nachweisung der durch die einzelnen Vorbehalte des E.G. zum B.G.B. erhaltenen Gesetze beigegeben und in Anmerkungen bei jedem einzelnen Gesetz auf die übrigen Gesetze derselben Materie verwiesen. Bei jeder gesetzlichen Bestimmung wird angegeben, weshalb sie als aufrecht erhalten zu gelten hat.

Der zweite Band (Schluß des Werkes) wird im Frühjahr zur Ausgabe gelangen.

Adickes, F., Oberbürgermeister in Frankfurt a. M. Das Kommunalabgabengesetz vom 14. Juli 1893. Für den praktischen Gebrauch mit einer geschichtlichen Einleitung und Erläuterungen versehen, sowie mit einem die Ausführungsanweisung berücksichtigenden Nachtrag. 8°. Kartonnirt 6 M.

Arndt, Dr. Adolf, Oberbergrath und Prof. Verfassung des Deutschen Reichs. Mit Einleitung und Kommentar. 8°. Kartonnirt 3 M.

Friedrichs, K., Oberverwaltungsgerichtsrath. Das Gesetz betreffend die Anlegung und Veränderung von Straßen und Plätzen in Städten und ländlichen Ortschaften vom 2. Juli 1875. Nach dem Tode des Verfassers in vierter Auflage bearbeitet von Dr. jur. **Hugo v. Strauß und Torney,** Oberverwaltungsgerichtsrath. 8°. Geb. 4 M. 50 Pf.

Hauß, C., Geh. Ober-Reg.-Rath. Das Gesetz zur Bekämpfung des unlauteren Wettbewerbes. Vom 27. Mai 1896. Für die gerichtliche und gewerbliche Praxis erläutert. 8°. Geb. in Leinen 3 M.

Holtgreven, Dr. A., Geh. Ober-Justizrath und vortragender Rath im Justizministerium. Das Wildschadengesetz vom 11. Juli 1891. Kommentar. Dritte Auflage. 8°. Kartonnirt 3 M.

Jerusalem, Herm., Landgerichtsrath, Mitglied des Hauses der Abgeordneten. Das Gesetz über Kleinbahnen und Privatanschlußbahnen vom 28. Juli 1892 nebst der Ausführungsanweisung zu diesem Gesetze vom 22. August 1892., gr. 8°. 2 M.

Adickes, F., Oberbürgermeister in Frankfurt a. M. Das Kommunalabgabengesetz vom 14. Juli 1893. Für den praktischen Gebrauch mit einer geschichtlichen Einleitung und Erläuterungen versehen, sowie mit einem die Ausführungsanweisung berücksichtigenden Nachtrag. 8°. Kartonnirt 6 M.

Arndt, Dr. Adolf, Oberbergrath und Prof. Verfassung des Deutschen Reichs. Mit Einleitung und Kommentar. 8°. Kartonnirt 3 M.

Friedrichs, R., Oberverwaltungsgerichtsrath. Das Gesetz betreffend die Anlegung und Veränderung von Straßen und Plätzen in Städten und ländlichen Ortschaften vom 2. Juli 1875. Nach dem Tode des Verfassers in vierter Auflage bearbeitet von Dr. jur. **Hugo v. Strauß und Torney,** Oberverwaltungsgerichtsrath. 8°. Geb. 4 M. 50 Pf.

Hauß, C., Geh. Ober-Reg.-Rath. Das Gesetz zur Bekämpfung des unlauteren Wettbewerbes. Vom 27. Mai 1896. Für die gerichtliche und gewerbliche Praxis erläutert. 8°. Geb. in Leinen 3 M.

Holtgreven, Dr. A., Geh. Ober-Justizrath und vortragender Rath im Justizministerium. Das Wildschadengesetz vom 11. Juli 1891. Kommentar. Dritte Auflage. 8°. Kartonnirt 3 M.

Jerusalem, Herm., Landgerichtsrath, Mitglied des Hauses der Abgeordneten. Das Gesetz über Kleinbahnen und Privatanschlußbahnen vom 28. Juli 1892 nebst der Ausführungsanweisung zu diesem Gesetze vom 22. August 1892., gr. 8°. 2 M.

Kampß, B. v., Verwaltungsgerichtsdirektor. Das Gesetz, betreffend die Vertheilung der öffentlichen Lasten bei Grundstückstheilungen und die Gründung neuer Ansiedelungen in den Provinzen Preußen, Brandenburg, Pommern, Posen, Schlesien, Sachsen und Westfalen vom 25. August 1876. 8°. Kartonnirt 2 M. 50 Pf.

Koch, Georg, Hauptmann a. D. Gesetz, betreffend die Prüfung der Läufe und Verschlüsse der Handfeuerwaffen vom 19. Mai 1891 nebst den Ausführungsbestimmungen des Bundesrathes vom 22. Juni 1892. 8°. Kartonnirt 1 M. 50 Pf.

Könige, H., Landgerichtsrath, Vorsitzender der Kammer I für Handelssachen am Landgericht Mannheim. Handelsgesetzbuch vom 10. Mai 1897 nebst Abdruck des Gesetzes über die Angelegenheiten der freiwilligen Gerichtsbarkeit und Gerichtsverfassungsgesetz (Titel 7, Kammern für Handelssachen). Verglichen mit dem Allgemeinen Deutschen Handelsgesetzbuch, dem Bürgerlichen Gesetzbuch und der Rechtsprechung des Reichsgerichts und Reichs-Oberhandelsgerichts. Zu praktischem Gebrauch dargestellt. 8°. Geb. in ganz Leinen 4 M. 50 Pf.

Laß, Dr. L., Kaiserl. Regierungsrath, Strafrecht der Berufsgenossenschaften nach den Unfallversicherungsgesetzen vom 30. Juni 1900. Unter Benutzung amtlichen Materials zum praktischen Gebrauche dargestellt. Geb. in Leinen 3 M.

Laurisch, G., Königl. Gewerbeinspektor, Gewerberecht und Arbeiterschutz. Führer für Arbeitgeber und Arbeiter durch die Gewerbe- und Arbeiterschutz-Gesetze. Kartonnirt ca. 2 M.

Nußbaum, Dr. A., Die freiwillige Gerichtsbarkeit im Reiche und in Preußen. Ein Leitfaden. 8°. Geb. in ganz Leinen 4 M.

Dieses Buch enthält eine gedrängte systematische Darstellung der freiwilligen Gerichtsbarkeit einschließlich des Notariats nebst einer Zahl erläuternder Formulare für öffentliche Register, Protokolle u. dergl. Reichsrecht und Landesrecht, von letzterem vorzugsweise das preußische, sind gleichmäßig berücksichtigt worden. Eine solche systematische Darstellung fehlte bisher, ist aber bei der hier besonders weit gehenden Zersplitterung des Rechtsstoffes eine Notwendigkeit sowohl für den Lernenden, für dessen Bedürfnisse auch durch Darlegung der allgemeinen Gesichtspunkte und der historischen Entwickelung Sorge getragen ist, als auch für den Praktiker, namentlich den angehenden, da dieser in der ersten Beschäftigungszeit vorwiegend mit Angelegenheiten der freiwilligen Gerichtsbarkeit befaßt ist.

Ottermann, Carl, Stadtrath in Dortmund. Das Fluchtliniengesetz vom 2. Juli 1875. Erläuternde Abhandlung. 8°. 1 M. 25 Pf.

Stephan, Dr. R., Geh. Regierungsrath u. Mitglied des Kais. Patentamts. Gesetz, betreffend die Patentanwälte. Vom 21. Mai 1900. Nebst Ausführungsverordnungen. 8°. Geb. in ganz Leinen 1 M. 50 Pf.

Telegraphenwege-Gesetz vom 18. Dezember 1899 nebst den vom Reichskanzler erlassenen Ausführungsbestimmungen vom 26. Januar 1900 und den Erläuterungen und Ausführungsanweisungen des Reichs-Postamts. Amtliche Ausgabe. 8°. Geb. in ganz Leinen 1 M.

Wittenberg, Dr. M., Dozent an der Humboldt-Akademie. Wegweiser durch das Aktienrecht, nach dem Wortlaut der seit dem 1. Januar 1900 gültigen Reichsgesetze. Taschenformat. Geb. in ganz Leinen 1 M.

Schlagwort-Register.

R. = Nummer der Sammlung Deutscher **Reichs**gesetze.
P. = Nummer der Sammlung **Preußischer** Gesetze.
S. = Seite.

FSC
www.fsc.org
MIX
Papier | Fördert
gute Waldnutzung
FSC® C083411

Kolibri 360 GmbH
Ferdinand-Jühlke-Straße 7
99095 Erfurt, Deutschland
produktsicherheit@kolibri360.de